KB264072

이 책을 위해 자신의 공부법과 성적 상승 경험을 모두 공유해주고,
조언을 아끼지 않았던 공부법 멘토들입니다.

이성은 (서울대학교 전기공학과)
박현수 (원광대학교 의예과)
강성태 (연세대학교 치의학과)
이재윤 (서울대학교 지구환경과학부)
서채원 (연세대학교 사회학과)
석민창 (서울대학교 국문학과)
유상근 (서울대학교 영문학과)
김지석 (서울대학교 수학교육과)
지형서 (연세대학교 경영학과)
최민경 (연세대학교 경영학과)
김채빈 (서울대학교 전기공학과)
최우진 (고려대학교 법학과)
유아람 (고려대학교 영어교육과)
유　리 (서울대학교 경영학과)
윤재룡 (고려대학교 식품영양학과)
이한솔 (고려대학교 환경보건학과)
김선민 (고려대학교 환경보건학과)
조우용 (연세대학교 경영학과)
엄준섭 (고려대학교 철학과)
최규민 (서울대학교 수리통계학부)
이상훈 (고려대학교 통계학과)
김명수 (연세대학교 교육학과)
윤성필 (연세대학교 교육학과)
문성현 (서울대학교 산업공학과)
최경훈 (연세대학교 수학과)
송기창 (고려대학교 경영학과)
조재호 (포항공과대학교 수학과)
우병주 (고려대학교 건축사회환경공학부)
김상준 (고려대학교 전기전자전파공학부)
박지혜 (연세대학교 국문학과)
배호윤 (고려대학교 생명공학부)
유병한 (연세대학교 지구시스템과학과)
유근식 (서울대학교 경제학 대학원)
황수환 (고려대학교 정보통신공학부)
박기범 (인제대학교 약학과)
이승민 (고려대학교 환경보건학과)
차정준 (고려대학교 생체의공학과)

1년만 따라 하면 SKY 갈 수 있다

지은이 | 이종민
펴낸이 | 이재은 펴낸 곳 | 세상모든책
편집 | 이종민, 홍성민 디자인 | 홍미숙
마케팅 | 이주은, 이은경
주소 | 서울시 광진구 자양동 680-77 모던빌딩 2층
전화 | 02-446-0561 팩스 | 02-446-0569
E-mail | everybk@hanmail.net
출판등록 | 1997.11.18. 제10-1151호
초판 1쇄 발행 | 2013년 11월 15일

세상모든에듀 는 세상모든책의 임프린트입니다.

* 잘못 만들어진 책은 바꾸어 드립니다.

1년만 따라 하면 SKY 갈 수 있다

일 등급을 원한다면 공부습관을 다 바꿔라!

이종민 지음

세상모든에듀

정말이지, 무슨 이런 것이 다 있나 싶었습니다. 너무나 많은 사람이 알고 싶어하기에 이것의 가치는 천정부지로 솟아올랐습니다. 또한 너무나 많은 사람이 알려주고자 하기에 이것은 가장 보편적인 사회 공헌 수단이 되었습니다. 이것은 바로 '공부법' 입니다. 하지만 많은 사람의 간절함과 열정에도 불구하고 필요한 사람과 베풀고자 하는 사람의 간극은 줄지 않았습니다.

여전히 학생들은 도대체 무슨 공부를 어떻게 해야 하는지를 모르고 있습니다. 지금도 부모님은 자식에 대한 무한한 사랑 때문에 아이들을 괴롭혀야 하는 아이러니에 빠져 있습니다. 애써 고생해서 알게 된 공부에 관한 지식을 전달하려 하는 대학생들은 소통이 되질 않는 학생들에게 지쳐가고 있습니다.

학생들은 공부해야 하는 이유를 모르고 있습니다. 그런 학생들에게 어른들은 도무지 이해할 수 없는, 와 닿지 않는 이야기만을 하며 공부하라고 윽박지르고 있습니다. 이제는 심지어 억지로 엄청난 꿈을 가지라 하고 그런 꿈이 있어야만 공부도 할 수 있고, 열심히 살 수 있다고 이야기합니다. 가장 아름다운 단어 중 하나인 꿈은 찬란히 빛나는 족쇄가 되었습니다.

부모님들은 철모르는 아이들이 안타깝기만 합니다. 사회라는 곳이 얼마나 무서운 곳인지, 죽을 각오로 매달리지 않으면 기본적인 생존조차 위협받는다는 것을 인지하지 못하는 아이들을 보면 걱정이 앞섭니다. 그리고 이런 현실을 아무리 이야기해도 들으려 하지 않는 아이들이, 자꾸 어긋나려 하는 아이들을 어찌해야 할지 한숨만 깊어져 갑니다.

학생들을 가르치는 멘토들은 결과물을 얻기 위해 충분한 희생을 치를 각오가 없는 동생들이 안타깝고 답답하기만 합니다. 아무리 좋은 공부법을 알려줘도, 아무리 성심성의껏 상담해 줘도 따라오지 않는 동생들을 이해할 수 없습니다. 나에게 이런 멘토가 있었다면 '목숨 걸고 쫓아다녔을 텐데' 라는 생각이 들기 시작하면 이제 아이들을 가르치는 것에 대한 회의감까지 생기기 시작합니다.

배움에 목마르고, 가르치려는 의욕이 넘치고, 넘치는 애정으로 희생하는 사람들이 있음에도 어쩌면 이렇게 고생하는 사람들만 남게 되는 걸까요?

제가 10년에 가까운 세월 동안, 수만 건의 상담을 진행하고 헤아리기 힘들 정도로 많은 학생과 부모님을 만나며 얻은 답은 다음과 같습니다.

바로 우리는 모두 서로 전혀 모르고 있다는 것이 그 이유입니다. 심지어 우리는 모두 서로 아주 잘 안다고 생각하기까지 합니다. 그러니 그 간절한 마음들이 모여도 문제가 해결되고 있지 않았던 것입니다.

누군가는 이 문제를 해결하기 위해 노력해야 한다고 생각했습니다. 이 세 축을 모두 묶을 수 있는 경험이 있는 사람의 노력만이 제대로 된 해답을 만들어낼 수 있다고 믿었습니다. 그것이 제가 이 책을 쓰게 된 이유입니다.

전 제 인생 모두를 공부법에 매여 살아왔습니다. 4년간 치렀던 세 번의 수능시험, 대박과 쪽박, 또다시 그것을 딛고 일어선 성공을 모두 경험했습니다. 대학 입학 후, 10년간 중학생부터 6수생까지 다양한 학생들을 직접 가르쳐 왔습니다. 그리고 그들의 부모님과 모두 만나 깊은 상담을 함께했습니다. 심지어는 군 생활을 하는 동안에도 공부법 상담은 멈추지 않았습니다. 또한 전국 강연을 통해 수천 명의 학부모님을 만났습니다. 그리고 사회적 기업에 몸을 담으며 명문대 재학생 수백 명의 콘텐츠를 분석했고, 최고의 공부법을 연구했습니다. 그 결과 제 공부법 칼럼들은 80만 건 가까운 누적 조회 수를, 동영상 강의는 20만을 넘는 조회 수를 기록하게 되어, 공부법 콘텐츠 100만 조회를 넘어섰습니다.

그러나 저는 절대 뛰어난 사람이 아닙니다. 학창시절에는 시험 점수 때문에 한 자리에서 당구봉으로 20대가 넘게 맞기도 했고, 쪽지 시험을 매번 틀려 거의 매일 체벌로 살았습니다. 누구나 쉽게 합격한다는 운전

면허 필기시험에 떨어지기도 했고, 토익 시험에서 300점대의 점수를 얻을 정도로 영어 실력은 떨어졌습니다. 가장 입학하기 쉽다는 재수 학원 입학시험에서도 한 달의 준비에도 불구하고 불합격할 정도의 실력이었습니다. 이것만 보더라도 제가 절대 머리가 좋은 수재가 아니라는 것을 알 수 있습니다. 오히려 이 글을 읽는 학생 여러분 대부분이 저보다 좋은 머리를 가지고 있을 거라고 보는 게 맞습니다.

물론 그 과정은 쉽지 않았습니다. 수많은 시행착오를 거쳤습니다. 저 자신의 성적을 올리는 것 자체도 많은 시행착오가 있었지만, 학생들을 가르치는 과정 또한 마찬가지였습니다. 그리고 자신이 생긴 지금 제 공부법들 중 가장 중요한 내용을 엄선하여 이 책에 담았습니다. 태어나서 공부를 못 해본 경험이 단 한 번도 없는 수재가 담은 공부법이 아닌, 평범하기 그지없는 한 학생이 직접 겪은 내용을 담았습니다. 학생들에게는 아무 의미 없는 이론들은 제외하고 실제로 제가 가르친 학생들이 극적으로 성적을 올릴 수 있었던 전략만 엄선했습니다.

'피할 수 없으면 즐겨라.' 라는 말이 있습니다. 말 자체로는 아주 훌륭합니다만, 막상 그 피할 수 없는 것을 마주친 사람의 입장에서는 이것만큼 무책임하고 잔인한 말이 없습니다. 아마도 공부라는 것을 마주하고 있는 학생들과 부모님들의 심정도 이렇지 않을까 합니다. 공부는 절대 피할 수 없습니다. 그리고 그에 따르는 고통 또한 피할 수 없습니다. 하지만 그렇다고 즐기라고 하기에는 그 고통이 너무나 심하며, 따르는 희생 또한 너무나 큽니다. 이런 현실에서 저는 이런 이야기를 하고 싶습니다.

"피할 수 없다면 고생해야 합니다. 하지만 그래도 덜 고생하게 해드리겠습니다. 그리고 적어도 고생한 만큼은 결과를 얻을 수 있게 해드리겠습니다."

"그리고 절대로 혼자서만 고민하게 하지 않겠습니다."

동기부여 & 마음가짐

1. 지금 네가 어떤 상태라 하더라도 너는 충분한 가능성을 가지고 있다

이 책을 집어든 여러분은 공부를 못 한다. 혹은 공부를 못 하는 자녀나 동생, 친구를 두고 있을 것이다. 이 책은 기초가 부족한 학생들을 위한, 공부를 아예 처음 접하는 사람들을 위한 내용이기 때문이다. 이 이야기에 '나는 아닌데?' 라고 생각한다면 이 내용은 적절치 않으니 건너뛰길 바란다.

그런데 여러분. 여러분은 '내가 왜 공부를 못 하는가?' 에 대해서 깊이 생각해본 적이 있는가? 주변에서는 나를 보고 계속 공부를 못 한다고, 공부 좀 잘해 보라고 닦달하는데 '도대체 나는 왜 이렇게 됐을까?' 라는 생각 말이다. 그렇다고 내가 공부를 하지 않은 것도 아니고, 시험 기간 때 책 한 자 안 보고 시험을 봤던 것도 아니다. 분명 나보다도 공부를 적게 하고도 좋은 성적을 올리고 '공부를 잘한다.' 라는 이야기를 듣는 아이들이 있다. 나는 분명히 책을 보았고, 내용을 외웠다. 문제집을 미리 풀어보기도 했고, 친구들과 서로 퀴즈를 내며 모의 테스트를 해보기도 했다. 다만, 점수가 남들보다 좋지 않게 나왔을 뿐이다. 그런데 도대체 어떤 이유로 내 점수가 남들보다 모자라느냐는 것이다. 세상에 이것보다 더 억울한 일이 있을까? 더군다나 이 결과 때문에 여러분은 공부를 못 한다는 이야기를 듣고, 성적 이야기만 나오면 죄인처럼 맘을 졸이게 되고, 부모님과의 갈등, 선생님과의 갈등을 겪고 있다. 정말이지 미치고 팔짝 뛸 정도로 억울한 일이다.

모든 결과에는 원인이 있기 마련이다. 박지성의 큰 성공에는 엄청난 성실함이라는 원인이 있었고, 발레리나 강수진의 성공에는 인간의 한계를 뛰어넘는 인내가 원인으로 자리 잡고 있었다. 마냥 사이가 좋던 연인이 헤어질 때도 둘 중 누군가의 잘못이 있었을 테고, 변화무쌍한 우리나라 교육제도, 대입제도의 변화에도 그 이유는 분명히 자리하고 있다.

질풍노도의 시기인 10대, 가장 이성적으로 살아간다고 자부하는 20대 초반의 여러분은 이유를 찾길 좋아한다. 이 시기의 학생들은 어른들의 생각보다 훨씬 더 합리적이다. 독자 여러분은 동의하는가? 순순히 '그런가 보네.' 라고 생각하지 않고 '내가 정말 그런가? 왜지?' 라는 생각을 머릿속으로떠올렸다면 여러분은 '이유를 찾길 좋아하는 사람' 에 해당할 것이다. 부모님이나 선생님이 무언가를 시키면 순순히 하는 경우는 거의 없고 "내가 그걸 왜 해야 하죠?"라고 반사적으로 이야기하는 것이 여러분 나이 아닌가?

그렇지만 정말로 아이러니한 것은 여러분이 하루 종일 접하고, 1년 내내 여러분을 괴롭히며, 내게서 떨어뜨리려 해도 절대 그럴 수 없는 공부에 대해서는 그 이유를 찾으려 하지 않는다는 것이다. 내가 아무리 공부해도 상위권에 진입할 수 없다면, 국·영·수 5등급을 뛰어넘을 수 없다면, 공부를 해도 점수가 오르지 않는다면 응당 그 이유를 찾아볼 만도 하건만, 대부분 학생은 "내 머리가 나쁜가 봐." 라는 단순한 해답만 대강 내놓은 채 개선을 포기한다.

그런데 정말로 여러분이 머리가 나빠서 공부를 못 하는 것일까? 정말 머리가 나빠서 공부를 해도 점수가 오르지 않고, 똑같은 시간을 공부해도 친구를 이길 수 없고, 타고난 아이들만 갈 수 있다는 SKY에 입성하지 못하게 되는 것일까?

결론부터 이야기하자면 절대 그렇지 않다. 장담하건대, 여러분이 공부를 못 하는 것은 머리가 나쁘기 때문이 아니다. 19살 수능시험 종료 직후부터 지금까지 10여 년간 수많은 학생을 직접 가르쳐 봤고 상담해왔다. 공신닷컴에서 상담을 시작한 직후부터 1년 반 동안만 만여 건에 달하는 상담을 직접 진행했다. 그전까지 메일과 웹, 오프라인에서 상담한 건수를 합치자면 헤아릴 수 없을 정도로 엄청난 상담을 해왔다. 국내에서 가장 많은 학생에게 학습 멘토링을 하는 사람을 꼽으라면 아마 내가 될 것이다. 이런 내 경험을 되짚어보더라도 정말 '머리가 안 좋아서' 성적이 안 나오는 학생은 손에 꼽을 정도이다.

'내가 그 머리 안 좋은 사례인가 보다.' 라고 반사적으로 생각할지 모르겠지만, 다시 한 번 표본을 봐라. 수만 건의 상담 중 5~6명을 제외하면 그런 사람이 없었다는 뜻이다. 여러분이 어떻게 그 천문학적인 확률에 해당한다고 자신하는지 모르겠지만, 적어도 이 글을 읽는 당신이 그 '머리가 안 좋아서 공부 못 하는 사람' 일 확률은 동전을 10번 던져서 연속으로 앞면이 나올 확률보다 낮다. 그러니 안심해도 좋다.

그렇다면 학생들이 성적이 나오지 않는 이유는 무엇일까? 그 답은 이 책의 독자인 여러분에게 다음과 같은 질문을 던짐으로써 찾아보고자 한다.

- 여러분은 공부가 무엇인지 아는가?
- '공부를 한다.' 라는 것이 도대체 어떤 행동인지 가르쳐준 사람이 있었는가?
- 공부에 한 시간 이상 집중하기 위해선 어떻게 해야 하는지 아는가?
- 어느 시점의 공부부터 시작해야 하는지 파악하고 있는가?
- 학교 수업은 어떻게 들어야 하고, 문제집은 어떻게 활용해야 하는지 아는가?

위의 질문에 몇 개나 긍정의 답을 할 수 있었는가? 대부분 학생은 하나도 대답하지 못할 것이다. 학생들을 지도하는 학부모님의 경우도 마찬가지다. 아픈 이야기가 될지 모르지만, 여러분의 공부를 가르치는 역할을 맡은 사람들도 대부분 이에 대해 명확히 대답하지 못할 것이다.

참으로 우습지 않은가? 공부를 강요받고, 공부 때문에 스트레스를 받고, 공부 때문에 극단적인 생각마저 하는 우리나라 학생들이 정작 '공부' 가 무엇인지 한 번도 배울 기회도 없이 이리저리 내몰리고 극도의 스트레스를 받으며 꿈을 짓밟히고 있다. 도대체 그 망할 놈의 공부 왜 해야 하는지, 도대체 공부한다는 게 무엇인지 알려달라고 말하면 그저 반항 섞인 말이라 치부해 버리고 "공부할 때가 제일 편한 때다."라는 동문서답으로 얼버무리고 마는 이 현실은 코미디다. 죽으라 공부하라 강요하면서도 강요하는 사람조차 공부가 뭔지 모르는 이 상황이 말이다. 공부를 시키는 사람도, 공부를 해야 하는 사람도, 그걸 지켜보며 애태우는 사람도 공부가 뭔지는 아무도 모른다.

다시 한 번 이야기하겠다. 여러분은 공부를 못 한다. 그리고 그 이유 또한 알려주겠다. 여러분이 공부를 못 하는 이유는 그 누구도 공부에 대해서 제대로 알려준 적이 없기 때문이다. 공부가 뭔지 알려주지도 않으면서 성적이 떨어지면 인생 끝나는 것처럼 여러분을 협박하고, 여러분이 되고 싶은 꿈에 대해, 가지고 싶은 성적에 대해, 가고 싶은 대학에 대해 무책임한 비난만을 일삼고 있는 사람들 때문에 공부를 못 하는 것이다.

이제 여러분은 성적을 올려야 한다. 공부라는 것을 제대로 해본 경험이 전혀 없는 학생들도 있겠지만, 이제 공부를 시작해야 한다. 그래서 가고 싶은 대학, 받고 싶은 점수와 석차를 받아야 한다. 그런데 이런 여러분을 두고 주변에서는 말들이 많을 것이다.

"지금 네 점수로 무슨 공부야, 그만둬라."

"공부도 점수가 어느 정도 나오는 애들이 해야지, 넌 너무 심해서 안 돼."

"지금까지 해봤는데도 그대로잖아, 그러니까 아예 포기해라."

"이 늦은 시기에 공부하겠다고? 머리가 못 따라갈 거야."

이런 이야기들이 쏟아지면 자연스레 이런 생각이 들지도 모른다.

"정말 안 되는 걸까?"

그러나 나는 자신 있게 이야기한다.

"가능성은 충분하다."

괜히 너희가 안쓰러워서, 헛된 희망이라도 주려고 하는 말이 아니다. 정말로 가능하므로 이야기해주는 것이다.

이런 사례들이 있다고 생각해보자.

A라는 학생은 고3, 7월까지 수학이 4등급 나오는 이과생이었다. 이 친구의 목표는 의대다.

B라는 학생은 3월 모의고사 성적이 5, 6, 5등급이며, 이과로 전과한 재수생이고, 토익 300점의 영어 실력이다. 이 친구는 SKY 입성이 꿈이다.

C라는 학생은 학생 한 명이 입학을 포기하는 바람에 추가로 합격하여 전교 꼴찌로 입학했지만, 목표는 서울대다.

D라는 학생은 일진들 담배 심부름을 하던 거의 전교 꼴찌의 학생이지만, 전교 1등을 목표로 공부하기 시작했다.

이 네 가지 사례 중 사람들이 '그래 목표를 이루는 것은 얼마든지 가능해.'라고 이야기할 수 있는 경우가 몇 가지나 되는가? 이 강의를 보는 여러분 중에서 '목표 달성이 가능하다!' 라고 자신 있게 이야기할 수 있는 경우가 있는가? A 학생은 내 고등학교 동창으로 국립의대를 졸업하고 현재 아산병원에서 인턴으로 근무 중이다. B 학생은 이과로 전과 후 8개월 만에 고려대학교 정시에 최초 합격하고 지금 여러분 앞에서 강의를 진행하고 있다. C 학생은 끊임없는 노력으로 전교 1등으로 학교를 졸업해 서울대에 다니고 있으며, D 학생은 공부를 시작한 지 6개월 만에 전교 1등이 되어 공신의 전설이 되었다. 바로 구본석 공신이다.

물론 극적으로 점수를 올린다는 것은 정말 힘들다. 하지만 엄청난 인내가 있고, 노력이 있으며 제대로 된 공부법만 있다면 점수를 올리는 것은 100% 가능하다. 그동안 누구도 알려주지 않았던 공부의 생기초를 내가 알려주겠다. 어떻게 하면 공부를 하는 것인지, 어떻게 하면 공부에 10시간씩 집중할 수 있게 되는지, 어떻게 하면 하루를 알차게 공부를 위해 보낼 수 있는지, 어떻게 하면 그동안 쌓지 못한 기초를 복구할 수 있는지, 그 빌어먹을 '어떻게'를 해결해 주겠다.

여러분에게 주변 사람들이 모두 불가능하다고 이야기하는 것에는 두 가지 이유가 있다. 한 가지는 그들 자체가 무언가를 엄청난 노력을 통해 이뤄 본 적이 없어서 '노력으로 상황을 개선하고 목표를 이룬다.'라는 것을 상상조차 하지 못하는 불쌍한 삶을 살고 있기 때문이고, 다른 한 가지는 그런 기적 같은 일이 내가 아닌 다른 사람에게 일어나는 것을 보고 싶지 않다는 것이다. 다른 사람이 내가 얻고 싶은 성공을 얻어내는 과정을 지켜보면서 자신의 초라함을 확인하고 싶어하지 않은 소인배적인 생각이다.

내가 여러분 모두 가능하다고 이야기하는 것은 바로 내가 엄청난 노력을 통해 남들 모두 불가능하다고 하는 것(실제로 나는 미친놈이라는 손가락질과 뒷담화를 엄청나게 들어야 했다.)을 이루어낸 경험이 있기 때문이다. 그렇기에 그것이 가능하다는 것을 알고 있기 때문이며, 이런 기적의 주인공이 다른 사람들이 아닌 여러분이 되었으면 하는 것을 진심으로 원하고 있기 때문이다. 단지 성적을 많이 올려 이른바 명문대라는 곳에 진학했을 뿐인데 그 때문에 분에 넘치는 많은 기회를 얻었으며, 나의 꿈을 이루는 것에 훨씬 더 가까이 다가갈 수 있었다. 공부로 이런 혜택을 얻었다면 마땅히 사회에 어느 정도 돌려줘야 할 몫이 있다는 것을 믿고 있기에 이 저서를 통해 그 환원을 시작하려 한다.

여러분의 성공 가능 여부를 믿는 것은 철저히 여러분의 선택이다. 내 말을 믿어도 좋고 불가능하다는 그들의 말을 믿어도 좋다. 하지만 분명 생각해야 할 것은 각각의 선택의 길 끝에 어떤 결과가 자리 잡고 있느냐는 것이다. 불가능하다는 말을 믿고 따라가면 그 끝엔 실패만이 있을 뿐이다. 여러분이 진정 원하는 결과는 무엇인지 잘 생각해보면 현명한 결론을 내릴 수 있을 것이다.

자, 이제 불가능하다는 이야기는 평생 그들이 신조로 삼고 살아가게 놔두고 우리는 우리대로 성공 스토리를 써 내려가자. 혼자서만 노력하면 힘들지 모르지만, 공신과 함께 한다면 분명 더욱 빠르게 결과를 얻을 수 있다. 그리고 성공한 후에는 불가능을 신조로 삼고 살아가는 그들을 구해주자. 바로 공신이 되자는 뜻이다.

약속하겠다.

절대로 혼자서만 고민하게 하지는 않겠다.

2. 공부하기로 한 결심은 인생 최고의 결정이 될 것이다

My Story – 가장 불쌍한 남자가 된 학창시절, 그리고 그 꼬리표를 떼기까지

나는 청주에서 약간은 특별한 고등학교를 졸업했다. 지방 평준화 지역의 고등학교였던 내 모교가 특별했던 이유는 성비에 있었다. 내 모교는 한 학년 12개 반 중, 여학생반이 무려 9개 반을 차지하는 엄청난 성비를 자랑했다. 어떤 의미에서는 환상적이라고 표현할 수 있는 이 성비 덕분에 남학생들은 여자 친구를 만드는 일에 모든 신경이 쏠려 있었다. 중학교 때까지는 이성에 그다지 관심이 없었던 나지만(정확히 말하자면 관심은 많았지만, 용기가 없었던 나지만) 고등학생이 되자 바람이 들기 시작했다. 내 고등학교 1학년 초 시간은 여자아이들과 친해질 계기를 만드는 것에 가장 열중했었다. 친구들은 모이기만 하면 어떻게 여자아이들과 친해질지, 속된 말로 어떻게 작업을 걸어야 할지 등에 대해 이야기만을 하곤 했다. 나도 적극적으로 동아리 활동도 시작하고, 인터넷상에서 메신저 등을 통해 아는 여자아이들을 늘려가기 시작했다. 그러면서 여자 친구를 사귀고 싶은 내 욕심은 점점 커졌다. 그렇지만 내 욕심과는 다르게 여자 친구

를 만들기란 쉽지 않았다. 난 나의 외모가 괜찮은 줄 알았는데 사실 그다지 호감을 살 만한 수준은 되지 않았다.

그러던 중 내 고등학교 생활을 송두리째 바꾸어 놓을 인연을 만나게 되었다. 1학년 2학기의 어느 날, 동아리에서 같이 운영진 활동을 하던 친구가 자기 친구를 소개해 주겠다며 나를 매점으로 불러냈다. 별 기대 없이 나갔던 매점 앞에서 내 친구는 나를 보며 반갑게 손을 흔들었다. 친구에게 인사하고 잠깐 돌렸던 시선은 한 점에서 멈추었다. "여자가 예쁘다고 하는 여자는 믿으면 안 된다."라는 말이 있지만, 내 친구가 데려온 그 친구는 정말 예뻤다. 그 아이와 가볍게 인사를 나누고 몇 마디 이야기를 주고받은 후 교실로 들어왔다. 내 심장은 유난히 빨리 뛰기 시작했다. 비극의 시작이었다.

그날 이후로 내 머릿속은 온통 그녀에 대한 생각으로 가득 찼다. 혹시라도 그 아이를 보게 될까 하는 마음에 복도를 서성였고, 우연히라도 얼굴을 보면 인사를 하고 몇 마디 말을 건네고 도망치듯이 자리를 피하곤 했다. 이야기를 계속 이어가기에는 떨리는 가슴을 진정시키기가 힘들었다. 매일 아침 문자를 보냈고, 답장에 웃는 이모티콘이 오면 그날 하루가 행복했고, 답장이 없는 날이면 하루 종일 우울했다. 서로 메일을 주고받으며, 우리는 점점 친해지고 있었다. 반에는 어느덧 소문이 모두 퍼져 내가 그 아이를 좋아한다는 사실을 모르는 아이들이 없었다. 친구들은 응원해 주기도 했고, 짓궂게 놀리기도 했다. 그러던 어느 날, 평소와 같이 친구들과 잡담을 주고받던 중 한 친구가 이런 이야기를 했다. "야, 이종민. 그런데 걔가 널 좋아할까? 너한테 너무 과분하지 않아?" 그 자리에서는 아무렇지 않은 듯 웃어넘겼지만, 사실 내 마음속에 자리한 가장 뼈 아픈 부분이었다.

그녀는 전교에서도 5등 안에 들 정도로 공부를 잘했다. 그에 반해 나는 반에서도 그다지 공부를 잘하는 편이 아니었다. 더군다나 전교 1등~100등 사이에 드는 남학생들은 손가락에 꼽을 수 있을 정도로 남학생들의 성적은 여학생들보다 한참이나 떨어졌다. 전혀 잘생겼다는 소리를 듣지 못하는 외모를 가진 나에 반해 그 아이는 중학교 때 학교 대표 모델을 할 정도로 외모도 예뻤다. 누군가를 좋아한다는 들뜬 기분에 살긴 했지만, 사실 그녀가 나를 좋아할 이유를 찾을래야 찾을 수가 없었던 것도 사실이다. 현실 인식이 되기 시작하자 마음이 조급해지기 시작했다. 내 조급함이 전해졌는지 그 아이도 나의 연락을 부담스러워하는 것이 느껴졌다. 더더욱 마음이 급해진 나는 찌질한 고백의 대표적인 방법인 문자 고백을 실행하고 말았다. 결과는 뻔했다. 친구 이상은 생각하지 못하겠다는 대답으로 내 짝사랑은 실패로 끝나고 만다. 열 번 찍어 안 넘어가는 나무 없다고는 하지만, 이젠 찍을 수조차 없는 생활이 시작되었다. 내가 보내는 문자 메시지와 메신저상의 쪽지는 답장이 오지 않기 시작했다. 그리고 몇 달 후, 혼자 애태우던 내 마음을 산산이 조각내는 사건이 생겼다. 그녀에게 남자 친구가 생긴 것이다. 그리고 그 남자 친구는 내 짝이었다.

내 짝. 잘생긴 외모에 공부도 반에서 1등을 차지하고, 운동도 잘하고 친구들에게 인기도 많은 친구였다. 사실 내가 여자라도 나보다는 내 짝과 사귀고 싶을 거란 생각도 들었다. 내 짝은 나에게 미안하다고 했다. 그때 내가 택할 수 있는 유일한 태도는 태연한 척이었다. 이미 마음을 다 접은 척, 그래서 아무렇지 않은 척, 내 짝사랑과 사귀는 내 친구에게 축하한다는 말을 웃으며 건넬 수 있는 척, 그래도 괜찮은 척을 했다. 사실 전혀 괜찮지 않았지만 말이다. 그리고 안 그래도 금이 가 있던 내 멘탈을 산산조각내 버리는 사건이 두 개 일어난다.

첫 번째 사건은 지역 방송에서 주최한 퀴즈 대회가 시발점이 되었다. 퀴즈에 자신 있었던 나는 대회 출전을 강력하게 주장했다. 하지만 성적에서 나보다 월등했던 내 짝이 대회 출전자로 결정되었고, 우리 학교는 1등을 차지하게 되었다. 그리고 그때 받은 상금으로 내 짝은 여자 친구와 커플링을 맞추었다. 하루 종일 내 왼쪽에 앉은 친구의 왼손 약지에서 반짝이는 반지를 보는 것은, 그것도 내가 좋아하는 여자아이와 공유하고 있는 반지를 보는 것은 참기 힘든 경험이었다. 그리고 애써 버텨내던 내 멘탈을 완전히 붕괴시키는 일이 발생하게 된다. 그 일은 수련회에서 일어났다. 수련회에서 각 반은 장기자랑을 준비하게 되어 있었다. 우리 반에서는 내 짝이 나가기로 되어 있었다. 그리고 내 짝은 무대 위에서 여자 친구를 위한 촛불 이벤트를 했다. 전교생이 모두 지켜보는 앞에서 내 짝사랑에게 사랑한다고 외쳤고, 내 짝사랑은 마냥 행복해했다. 그리고 내가 그 아이를 좋아하는 것을 아는 친구들은 그 커플이 아닌 나를 보았다. 아주 걱정스러운 눈빛으로, 동정 섞인 눈빛으로.

그때 몇 가지 생각이 들기 시작했다. 내가 왜 이런 일을 겪어야 하지? 왜 나는 안 됐던 걸까? 난 왜 불쌍한 놈이 되어야 하는 걸까? 내가 무언가를 잘못해서 이런 일을 겪는 것일까? 내 친구는 꼭 내가 있는데 이래야만 했을까? 정말 많은 생각이 머릿속을 스치고 지나갔다. 몇 달씩 참고 있었던 분노가 폭발하려 했다. 하지만 그 분노는 이 생각이 들면서 차갑게 식어버렸다.

'나는 앞으로 얼마나 많은 것을 포기해야만 할까?'

그것은 현실이었다. 내가 이런 일을 겪어야 하는 이유, 내가 안 됐던 이유, 내가 불쌍한 놈이 된 이유, 이 모든 것은 하나였다. 내가 내 짝보다 못했기 때문이었다. 내가 원하는 것을 가질 자격이 안 되었기 때문이었다. 나 자신도 그걸 알았지만, 어느 하나 뒤집을 수 없었기 때문이었다. 잘못이라면 그것이 잘못이었다. 어느 하나 매력을 갖지 못한 내가 선택받을 이유는 전혀 없었다. 더욱 큰 문제는 지금이 아니었다. 앞으로도 이런 일을 겪을지 모른다고 생각하니 너무나 끔찍했다. 단지 내가 무언가 부족하다는 이유만으로 원하는 것들을 누군가에게 빼앗길지 모른다고 생각하니 분노를 넘어선 두려움이 일기 시작했다. 이제 두 번 다시는 이런 일을 겪을 수는 없다고 생각했다. 더군다나 내가 무언가를 포기해야 하는 이유가 내가 어찌할 수 없는 부분이 아니라면, 내 노력에 따라 극복이 가능한 것들 때문이라면 그건 정말 견딜 수 없는 일이라 생각했다.

수련회에서 돌아온 후, 내가 어찌할 수 없는 것들과 극복할 수 있는 것들에 대해 생각해보기 시작했다. 우선 외모는 어찌할 수 없는 부분이었다. 지금이야 남자들이 성형하는 것이 터부시 되는 분위기는 아니지만, 그 당시에는 상상하기 힘든 일이었다. 더군다나 학생에게 성형할 돈이 있을 리 만무했다. 운동은 졸업까지 남는 시간을 몰방해도 더 잘하게 될지 장담할 수 없었다. 사실 더 잘하게 된다 하더라도 그게 무슨 의미일까 싶었다. 하지만 공부만큼은 달랐다. 만약 내가 엄청나게 성적을 올려서 명문대에 간다면, 비록 지금은 입에 담는 것조차 버거울 정도의 성적이지만, 이른바 'SKY를 갈 수 있다면 내 인생이 달라지지 않을까.' 라는 생각을 하게 되었다. 그러면 최소한 나는 친구들의 기억 속에서 불쌍한 놈으로 남지는 않을 거라는 생각이 들었다.

그날 이후, 난 정말 열심히 공부하기 시작했다. 비록 반년 가까운 시간 동안 성적은 움직이지 않았지만, 결국 난 엄청난 점수 상승을 이루어내며 졸업하였다. 그리고 우여곡절이 있었지만, 결국 SKY 입성이라는 목표를 이루어냈다. 결과적으로 보면 명문대 진학이 모든 문제를 해결해 주지는 못 했다. 명문대에 가면 여자들이 줄을 선다던 어른들의 말은 100% 맞는 말은 아니었다. 명문대 타이틀을 가진다고 해서 모든 것을 가질 수도 없었다. 여전히 어쩔 수 없이 포기해야만 하는 일들은 계속해서 생겼다.

그렇지만 분명 달라진 것은 있었다. 모든 사람의 마음을 얻을 수는 없었지만, 사람들은 내가 이루어낸 성과 때문에 나를 한 번 더 보게 되었고, 내 이야기에 좀 더 귀를 기울이게 되었다. 어쩔 수 없이 포기해야 하는 일들은 있었지만, 그것은 어쩔 수 없이 포기해야만 하는 것은 아니었고, 내 선택으로 포기하게 되는 것들이었다. 명문대라는 타이틀은 내 모든 장점을 한층 돋보이게 해주었고, 내 모든 단점에도 불구하고 더 많은 기회를 가질 수 있게 해주었다. 내 지난날들의 아픈 기억들을 비참한 기억이 아닌, 웃으며 돌이킬 수 있는 추억으로 만들어 주었다. 내가 원하는 것을 얻기 위해 도전하면 이루어낼 수 있다는 믿음을 갖게 해주었다. 그래서 힘든 장애물을 만나게 되더라도 피하지 않는 나를 만들어 주었다. 그것이 공부가 나에게 준 선물이었다.

하지만 실제 학교에서 벌어지는 일은 어떠한가? 나에게 상담을 구해오는 학생 중에는 차별을 이야기하는 아이들이 꽤 많은 편이다. 그중 하나를 소개하려 한다.

고등학교 때, 한 친구가 교실에서 눈물을 흘리고 있는 것을 보았다고 했다. 들어보니 다른 반 친구와 싸운 모양이었다. 많이 맞아서 그런가 걱정이 됐는데 이야기를 듣고 보니 몸싸움은 하지 않았고 다른 반 친구가 시비를 걸어서 말다툼하다 선생님께 혼났다고 했다. 그런데 분명 잘못은 다른 반 아이가 했는데 그 아이는 공부를 아주 잘한다는 이유만으로 혼나지 않고, 친구는 공부를 못 한다는 이유로 다 잘못했다는 식으로 교무실에서 크게 혼났다고 했다.

돌이켜보면 초, 중, 고 12년을 거치면서 비슷한 경우를 참 많이 보았다. 공부를 잘한다는 것은 면죄부가 되었고 기회의 장이 되었으며 믿음의 상징이 되었다. 공부를 못 한다는 것은 가장 먼저 의심을 받는 원인이 되었고 선생님이 무시하는 이유가 되었으며 공부 잘하는 친구를 방해하는 사람이라는 낙인이 되었다.

참 불공평하지 않은가? 그래, 좀 더 격한 표현을 쓰자면 참 더럽다. 왜 성적이라는 잣대 하나만으로 실제로 누가 잘못했는지와는 무관하게 의심받는 사람과 믿음을 얻는 사람이 갈라져야 할까? 성적은 누군가를 모든 기준에서의 승자로, 다른 누군가를 모든 기준에서의 약자로 만들어내고 있다.

집안에서의 차별은 어떠한가? 공부 잘하는 형 혹은 누나를 둔 사람은 집에서의 차별을 자주 경험했을 것이다. 더 최악의 경우는 동생이 공부를 더 잘하거나 친척 동생이 공부를 잘하는 경우이다. 난 비교의 대상이 되어 난도질당하기 일쑤다. 내가 다른 사람보다 운동을 잘하고 미술을 잘하고 음악을 잘하며 친구들과 잘 어울리고 어른들에게 잘하는 것은 중요한 것이 아니다. 나는 그들과 점수 차이는 어떠하고, 갈 수 있는 대학은 어떠하며, 앞으로 성적 전망은 어떠하다, 단지 이것들이 중요할 뿐이다.

지긋지긋할 것이다. 그 누구도 나에게 공부가 왜 중요한지, 공부를 잘하는 것이 어떤 의미인지, 하다못해 공부를 하는 것이 무엇인지, 어떻게 해야 하는지는 알려주지도 않고서 그 결과를 가지고 나를 못난 사람으로 만들고 있다. 어느새 나는 내 가슴에 품은 목표를 말하는 것조차 듣는 사람의 눈치를 보는 사람이 되어 버렸다. 나의 모든 이야기는 믿음을 잃었고 이제는 더 이상 내가 하는 그 어떤 말도 아무도 믿지 않게 되었다. 단지 내가 공부를 못 한다는 이유 하나만으로.

사회생활을 하거나 이른바 '좋지 않은 대학' 을 다녀본 사람들은 더 뼈저리게 느낄 것이다. 우리네 대학생들은 크게 두 부류로 나뉜다. SNS에서 자신의 대학을 공개할 수 있는 사람과 감추려는 사람으로. 싸이월드 사진첩에 누구나 보면 한 번에 어느 학교인지 알 수 있는 이니셜과 함께 당당히 자신의 학교 사진을 걸어놓거나 페이스북의 상태 표시에 재학 중인 학교를 거는 아이들이 있고 그걸 어떻게든 숨기려 하는 학생들이 있다. 모두가 그런 것은 아니지만, 대체로 이런 모습이 있다는 것은 부정할 수 없을 것이다. 명문대에 다닌다는 배경으로 일반 아르바이트 학생의 5배에서 10배 가까운 시급을 받으며 일하는 그들은 상대적으로 돈 버는 시간이 적기에 연애할 시간도, 자기계발을 위해 투자할 경제적 여유도 넉넉하다. 그런 그들에게 주어지는 기회는 상대적으로 훨씬 많을 수밖에 없다. 이런 현실을 보고 자신의 현실을 자각하고 다시 공부를 위해 뛰어드는 수능 재수생이나 편입생들이 수십 만에 이른다.

하지만 나는 이런 질문을 하고 싶다. 그렇다면 너희는 이런 현실 앞에서 '재수 없다, 더럽다, 썩었다.' 라는 이야기를 하는 것 외에 어떤 노력을 해왔는가? 너희는 너희의 이야기를 더 많이 전달하기 위한 그 어떤 노력을 해왔는가?

이 세상에 공짜는 없다. 설령 너희가 10대라 할지라도 원하는 것이 있다면 그것을 위해 기꺼이 희생을 치러야 한다. 너희의 목소리를 관철할 수 있는 방법이 공부라면 공부를 해야 한다. 가만히 넋 놓고 방구석에 앉아 듣는 사람도 없는 허공에 욕을 하거나 인터넷에

푸념만 늘어놓아서는 절대 변하는 것이 없다.

내가 항상 하는 이야기지만, 사람이란 무엇을 겪느냐보단 어떤 것을 배우느냐가 더 중요하다. 지금까지 누구도 너희에게 공부의 중요성을 이야기해 주지 않았고 공부를 어떻게 해야 하는지를 이야기하지 않아서 공부하지 못했던 거라면 그 상황에 대한 안타까움에 나도 슬플 것이다. 하지만 이제 여러분은 알게 되었다. 공부라는 것이 어떤 도움을 줄 것인지, 나를 어떤 사람으로 만들 것인지를 말이다. 그리고 이제 공부를 어떻게 해야 할지도 모두 배우게 될 것이다. 남은 것은 여러분의 행동뿐이다. 지금 여러분의 상황이 싫다면, 그래서 무언가 변하고 싶다면 지금만큼 큰 기회는 절대 없다. 이제 여러분은 원하는 것은 무엇이든 다 얻을 수 있다. 이제 달라질 시기가 온 것이다.

난 아직도 잊지 못한다. 수십 명의 선생님이 있던 교무실에서 내가 웃음거리로 전락하던 그 공간, 그 장면을 절대 잊지 못한다. 어렵게 꺼낸 고려대를 가고 싶다는 나의 소망을 차가운 비웃음으로 흘려버리던, 나의 자존심이 휴짓조각만도 못하게 구겨졌던 그 시간을 절대 잊지 못할 것이다.

난 다시는 여러분들이 나와 같은 일로 상처받지 않길 바란다. 그리고 그 상처를 극복하고 같은 상처로 고통받는 아이들을 구제하는 공신이 되길 바란다. 그리하여 네가 가진 꿈의 소중함을 모두에게 보여주어라.

공부하려는 이유가 어떤 것이어도 좋다. 정말 숭고하고 거룩한 이유라도 좋고, 일차원적이고 허무맹랑한 이유라도 좋고, 원초적이며 유치해도 좋다. 내가 처음 공부를 잘하고 싶었던 이유는 단순히 여자아이들에게 인기를 끌고 싶어서였다. 그다지 뛰어나지 않은 외모와 형편없는 패션 감각, 항상 가지고 살던 부정적인 생각과 그게 드러나는 표정을 가지고 있던 나로서는 좋아하는 여자아이들한테 거절만 당하기 일쑤였고 자신감은 점점 사라져만 갔다. 결국, 이런 식으로 살다가는 포기하는 것만 늘어나겠다는 생각을 하게 되었고, 내 노력으로 극복 가능한 것을 생각하다가 공부라는 결론을 얻게 된 것이다. 외모는 내 노력으로 어찌할 수 없었고, 패션 감각도 어디서 배울 수 있을 만한 곳이 없었지만, 공부만큼은 참고서도 많았고 문제집도 많았기에 내 노력으로 무언가를 바꿀 수 있다고 생각했다. 그리고 공부하기 시작했다. 물론 여기에는 명문대에 가면 여자애들이 엄청나게 좋아한다는 이야기를 해준 선생님들의 한마디도 크게 작용하긴 했다.

나에게 나타난 변화는 놀라웠다. 처음에는 반년 이상 성적이 전혀 움직이지 않았지만, 고 3이 되고 봄이 되자 엄청난 점수 상승이 일어났고, 전교에서 중간보다 좀 뒤에서 머물던 모의고사 성적은 손가락 안에 드는 등수로 뛰어올랐다. 학교에서는 나를 주목하기 시작했고 선생님들은 성적 급상승의 가장 모범적인 사례로 내 이야기를 여기저기 이야기하고 다니기 시작하셨다. 우리 반 담임은 우리 반 아이들의 성적과 석차가 모두 기록된 표를 여자 반 수업 시간에 공개하기도 했고 그로 인해 아이들은 모두 피해를 봤지만, 교내에서 내

주가는 훨씬 높아졌다. 자신감이 붙기 시작한 나는 생활이 한결 여유로워졌고 점점 모든 것을 긍정적으로 바라보기 시작했다. 생각이 긍정적으로 변하다 보니 표정도 한결 밝아졌고, 공부에 더더욱 몰두할 수 있게 되었다. 놀랍게도 이성에게 인기가 하나도 없던 내게 나를 좋아한다는 익명의 문자가 몇 통 오기 시작했고 심지어 한 반에서 세 명이 동시에 나에게 고백하기도 했다. 정독실 내 자리에 가보면 음료수와 초콜릿이 올려져 있곤 했고, 복도나 매점에서 마주치면 나를 두고 이야기하는 여자애들이 늘어나기 시작했다.

평범하기 짝이 없는 내 얼굴은 변한 것이 하나 없었고, 선배에게 물려받은 사이즈가 크고 보풀이 잔뜩 일어나던 교복 차림 또한 변한 것이 하나 없었다. 단지 공부에 대한 내 마인드가 변했고 열심히 임하던 내 태도가 변했으며 내 실력이 변했다. 그러자 나를 바라보는 사람들의 시선이 달라졌으며 결국 내 인생 자체가 변하게 되었다. 그리고 이 모든 것은 그냥 여학생들에게 인기를 얻고 싶었던, 남자라면 누구나 가지고 있는 사소한 욕심 하나에서 시작되었다. 그리고 그 시기 이후로 나는 내가 원하는 것이 있으면 포기하지 않고 항상 도전하기 시작했으며, 설령 부딪혀 깨지더라도 그 과정에서 무언가 하나라도 더 배우기 위해 노력했으며 다시 다음 과제에 도전하게 되었다. 난 여러분들도 이런 인생을 살길 바란다.

앞으로 공부가 힘든 시기는 분명히 찾아올 것이다. 그때마다 지금 네가 한 결정을 잊지 말아야 한다. 공부하겠다는 그 결심은 훗날 오늘을 돌아봤을 때 인생 최고의 결정으로 기억될 것이다.

3. 학부모님께 드리는 글

우리나라의 유별난 교육열은 세계적으로도 손꼽히는 수준이라고 합니다. 그 유별난 성향을 대표적으로 보여주는 것이 부동산 시장이죠. 선호도가 높은 아파트들은 대개 좋은 학군을 가지고 있습니다. 새로 짓는 아파트 분양 광고에서는 지하철역에서의 거리만큼이나 주변 학교가 중요한 인프라로 꼽힙니다. 외관상으로 너무나 낡은 아파트가 상식선을 넘어서는 가격에 거래되고 있고, 또 그 아파트에 들어가기 위해 엄청난 무리를 해서라도 이사 가려는 사람들이 줄을 서고 있습니다. 심지어는 좋은 초등학교, 중학교에 배정받기 위해서 옆의 아파트로 이사했다가 자녀의 학교 배정 후 다시 원래 아파트로 이사 가는 부유층들까지 있습니다. 자식의 교육을 위해 지금껏 모은 재산은 물론이고, 앞으로 벌어들일 수입까지도 저당 잡히다시피 하는 우리 부모님들. '맹모삼천지교'라는 말이 자식 교육을 위한 지극한 정성의 대표적 예로 꼽히지만, 우리나라에 맹자의 어머니 정도 되는 정성을 가진 부모님들은 차고 넘칠 거로 생각합니다.

하지만 이렇게 과열된 교육열에 대해 한 번쯤은 깊이 생각해봐야 하지 않나 싶습니다. 우리나라의 교육열은 이렇게나 엄청나지만, 실제 현장에서 일어나고 있는 일들은 그리 바람직한 것 같지 않습니다. 저는 우리나라에서 가장 많은 아이와 부모님을 상담하는 사람이라 자부합니다. 1년에 2만 건 정도 상담을 한 시기도 있었으니 이 정도면 그런 자신감을 가져도 될 만하다 생각합니다. 그 상담에 드러나는 부모와 자식 간의 갈등은 가히 비극이라 해도 좋을 정도입니다. 아이들은 부모의 공부에 대한 관심과 손아귀에 쥐고 흔들려는 태도를 증오하고, 부모는 자신의 정성과 희생을 알아주지 않는 아이들에게 실망합니다. 네, 맞습니다. 증오입니다. 한치의 과장도 없이 그 감정은 증오입니다. 물론 부모님을 증오한다는 것이 아닙니다. 부모님이 쏟아내는 그 왜곡된 관심을 증오한다는 거죠. 부모님들 역시 행복하지 않습니다. 뼈 빠지게 일한 수입의 대부분을 사교육에 투자하고, 자식 뒷바라지를 위해 얼마나 많은 것들을 포기하고 살고 있으며, 앞으로도 기꺼이 포기할 생각을 하고 있는데 어떻게 부모에게 이럴 수 있는가? 무엇보다 공부해야 하는 이유를, 명문대에 가야만 하는 이유를 그리도 강조하는데 왜 못 알아듣는가? 이해가 쉽지 않습니다.

전 궁금해졌습니다. 부모님들의 자식 사랑은 정말이지 지극하기 이를 데 없습니다. 제가 가장 사랑하고 존경하는 사람을 꼽자면 단연 부모님입니다. 하지만 제가 아무리 부모님에 대한 마음이 각별하다 하더라도 부모님의 사랑을 따라가지 못함을 잘 압니다. 저희 부모님의 지극한 자식 사랑만큼이나 다른 부모님들의 자식 사랑 또한 이에 못지않을 거로 생각합니다. 그런데도 왜 이렇게 서로 간의 갈

등이 깊어만 가는 걸까요? 그렇다고 우리 아이들이 나쁜 것은 아닙니다. 공부를 잘하고 싶어하는 아이들에게 왜 공부를 잘하고 싶으냐고 물어보면 '부모님을 기쁘게 해드리고 싶다.'라는 아이들이 가장 많습니다. 심지어 엄마 아빠 때문에 죽고 싶다는 아이들조차 이렇게 대답합니다. 아이들을 위해 모든 것을 희생하는 부모님의 지극한 사랑이 있고, 부모님을 기쁘게 해드리는 것을 공부의 제1목표로 삼는 아이들이 있습니다. 그런데 제가 상담을 진행해 온 10년간 그 갈등의 양상은 변하질 않습니다.

너무나 안타까운 일입니다. 부모님과 자식 간의 갈등은 단순한 갈등에서 끝나지 않습니다. 물론 자식이 사춘기를 거치며 자연스레 부모님과의 갈등을 빚는 경우야 문제 될 것이 없습니다. 그것은 어찌 보면 갈등이 일어나면 안심해야 할 당연한 절차입니다. 사춘기가 찾아오지 않는 것이 문제가 있는 것일 테니까요. 하지만 서로에 대한 오해 때문에 돌이킬 수 없는 결과를 초래하는 경우도 심심치 않게 있습니다. 결코, 제가 과장해서 하는 말이 아닙니다. 의심스러우시다면 지금 당장 포털 사이트 검색창에 '엄마 때문에'를 입력해 보시기 바랍니다. 가장 많이 검색하는 자동 완성 검색어가 순서대로 '엄마 때문에 자살', '엄마 때문에 스트레스', '엄마 때문에 힘들어요'입니다.

이런 비극이 일어나고 있는 이유에 대해 한 번 이야기해 보고 싶습니다. 물론 제가 나이를 많이 먹은 것도 아니고, 부모가 되어 본 경험도 없습니다. 아직 결혼도 안 한 총각이 뭘 알겠느냐 하실지 모릅니다. 하지만 결혼 안 한, 어른들이 보시기에 아직은 어린 축에 속하는 저이기에 객관적인 처지에서 볼 수 있는 것들이 있으리라 생각합니다. 사실 저도 결혼하고 아빠가 되면 부모님의 편에 서서 생각하게 될 것 같거든요. 조금이라도 객관적일 수 있을 때, 아이들의 편에 치우치지도 않고 부모님의 편에 치우치지도 않을 수 있는 지금 이야기를 하는 것이 가장 적절하리라 생각합니다. 더군다나 저는 엄청나게 많이 상담해온 사람이니까요.

저는 학부모 강연을 많이 진행하는 편입니다. 그리고 강연을 나갈 때마다 항상 맨 처음 드리는 질문이 있습니다. 그리고 그 질문을 지금 이 글을 읽는 학부모님께 드리고자 합니다. 질문을 드리기 전에 이런 조건을 걸겠습니다. 이 질문에는 오직 한 번밖에는 대답할 수 없습니다. 또한, 그 대답은 반드시 이루어진다고 생각하셔야 합니다. 보기가 한 번 지나가면 다시 되돌려 선택할 수 없습니다. 그리고 선택은 뒤집을 수 없습니다.

이제 질문을 드리겠습니다. 질문은 간단합니다. "나는 우리 아이가 이런 사람이 되었으면 좋겠다." 보기를 알려 드리겠습니다. 명심해주세요. 이거다 싶으면 바로 선택하셔야 합니다. 다시는 되돌릴 수 없습니다. 1번, 나는 우리 아이가 공부를 아주 잘해서 어떤 명문대든 골라 갈 수 있는 사람이 되었으면 좋겠다. 아마도 그리 많은 부모님이 택하지는 않으셨으리라 생각합니다. 자녀의 공부 때문에 이 책을 읽고 계시지만, 공부가 제일 중요한 것은 아니라고 생각하시는 것 같습니다. 이제 다음 보기를 드립니다. 2번, 나는 우리 아이가 경제적으로 성공하여 큰 부를 누렸으면 좋겠다. 이번에는 1번보다는 많은 분의 마음이 움직였을 듯합니다. 아마 2번을 선택하신 분들도 적지 않으리라 봅니다. 아직 선택하지 않으신 분들도 많이 계실 텐데 후회는 없으실지 모르겠습니다. 이제 공부와 돈은 다시 선택할 수 없습니다. 3번 보기입니다. 나는 우리 아이가 행복한 사람이 되었으면 좋겠다. 아마 대다수의 학부모님께서 3번을 선택하셨으리라 생각합니다.

앞에서 제가 학부모님들을 대상으로 강연에 나설 때마다 가장 먼저 하는 질문이라고 말씀드렸습니다. 반응은 항상 비슷하죠. 1번을 택하시는 분들은 거의 없습니다. 2번의 경우에는 주위 눈치를 슬며시 보시다가 자신 없게 몇 분이 손을 들곤 하시죠. 그리고 3번 보기를 들으시면 자신 있게 다들 손을 드십니다. 그리고 강연이 끝나면 저에게 와서 "공신님, 우리 애, 의대 보내려면 어떻게 해야 하나요?"라고 물어보시곤 하죠.

물론 저도 잘 압니다. 부모님들께서 아이들의 행복을 얼마나 원하시고 계시는지를요. 그리고 현실적으로 높은 학벌과 경제적 여유가 없이는 행복이라는 것을 영위하기가 쉽지 않다는 것 또한 잘 압니다. 그렇지만 지금 우리의 모습은 너무 아이러니하지 않나요? 학부모님들께서는 우리 아이들의 행복을 원하십니다. 그리고 그 행복을 이루기 위한 수단으로 공부를 생각하고 계시지요. 공부를 잘해야 좋은 직업을 가질 수 있고, 그래야 행복해질 수 있다고 생각하시니까요. 그러니 앞서 이야기했던 그 많은 희생을 각오하고서라도 아이들을 위해 모든 것을 투자하시는 거죠. 하지만 그 공부 때문에 우리 아이들은 불행합니다. 우리 아이들을 행복하게 만들기 위해 하는 선택들이 우리 아이들을 불행하게 만들고 있는 거죠.

믿으실지 모르시겠지만, 전 공부를 잘하지 못했습니다. 흔히들 명문대를 다니는 학생들이 '나도 좌절했던 시기가 있다.' 라고 하면서 전교 20~30등 하는 성적을 이야기하는 정도가 아닙니다. 고등학교 때 선생님께서 고려대 지방 캠퍼스를 목표로 공부하라고 하셨을 정도였습니다. 그것도 고3 때까지 말이죠. 목표라 함은 지금보다 아주 높은 곳을 바라보는 것인데, 그곳이 목표였으니 제 성적이 어느 정도였는지 짐작이 될까요? 그런 성적을 가진 주제에 공부에는 전혀 열중하지 않았습니다. 공부하라는 어머니의 이야기가 듣기 싫어서 어머니와 말도 잘 하지 않던 시기도 있었습니다. 지금도 종종 어머니께서 그때 이야기를 하시면 참 죄송스럽기만 합니다. 조금 민망하기도 하고요. 하지만 우리나라 부모님들께서 어떤 분들이십니까? 자식 사랑이라면 전 세계 어느 나라 부모님들과 비교해도 절대 지지 않는 분들이시죠. 특히나 교육열에서라면 세계 1등이라고 해도 절대 과언이 아닐 정도죠.

저희 어머니께서도 제가 공부를 하게 하려고 무던히도 애를 쓰셨습니다. 때로는 엄하게 꾸짖기도 하셨고, 좋은 말로 달래기도 하셨습니다. 그리고 그때 어머니께서 공부해야 하는 이유로 말씀해 주셨던 이야기들이 아직도 기억납니다. 아마 이 글을 읽는 부모님들께서도 비슷한 생각을 가지고 계실 거로 생각합니다.

"종민아, 좋은 대학에 꼭 가야 한다. 대학 졸업하면 네가 혼자 벌어 먹고살아야 하는데, 좋은 직장 들어가려면 좋은 대학에 가야 한다. 그런 대학에 가야 성공한 선배들이 끌어주기도 하고 똑똑한 후배들이 밀어주기도 한다. 그런 인맥 없으면 성공하기 힘들다. 사회에서 좋은 대우 받으려면 명문대에 꼭 가야 한다."

어머니의 말씀은 틀린 것 하나 없었습니다. 누군가 명문대를 목표로 공부한다면 하나의 학습 동기로 삼을 만한 현실적인 이야기였죠. 실제로 이런 이유로 다시 입시에 뛰어드는 20대 중반의 젊은이들이 있을 정도입니다. 그렇지만 문제는 17살에 들었던 이 이야기를 절실히 이해하는 데는 약 5년여의 시간이 필요했습니다. 어른들은 이렇게 생각하기 쉽습니다. 이렇게 공부를 해야 하는 이유를 이야기해 주는데 도대체 왜 정신을 못 차릴까, 하구요. 뒤늦게 후회할 것이 뻔한데 말이죠.

하지만 부모님께서 꼭 아셔야 할 것이 있습니다. 부모님이 자녀들에게 이야기하는 공부를 해야 하는 이유의 타당성과 아이들이 느끼는 설득력은 별개라는 것이죠. 부모님께서 아무리 지당한 말씀을 한다 하실지라도 아이들이 그 이야기가 지당하다는 것을 깨달으려면 한참의 시간이 걸린다는 것입니다. 물론 부모님의 이야기에 끝까지 동의하지 않을 가능성도 있습니다. '밥벌이해야 한다.' '좋은 인맥의 도움을 받아야 한다.' 등등 이야기를 하지만 아이들은 먹고사는 것에 위협을 느껴본 적도 없고, 좋은 인맥의 중요성을 체험해 본 경험도 없습니다. 저런 것들이 없어서 겪는 치명적 아쉬움을 느껴 보게 되면 그때는 부모님의 뜻을 알게 될지도 모르죠. 그렇지만 20대 중반 즈음이 되기 전까지는 그런 아쉬움을 느낄 기회가 많지 않습니다.

공부에 관심이 없다가 열의를 가지게 되는 사례를 분석해보면 그 이유가 참으로 단순합니다. 이성에게 관심을 얻기 위해, 집을 떠나 서울에서 혼자 살기 위해, 좋은 대학 가서 과외 아르바이트를 해서 돈 많이 벌어 풍족한 대학 생활을 하기 위해, 명문대 형, 오빠, 누나, 언니들이 멋있어 보여서, 그런 이유로 공부하게 됩니다. 집안을 일으키기 위해, 사회 정의를 실현하기 위해, 안정된 직장을 얻기 위해 죽으라 대학 진학을 위해 노력하는 경우는 거의 없습니다.

조금은 어이없게 느껴지실지 모르겠습니다만, 어찌 보면 이건 당연합니다. 우리 아이들은 10대입니다. 10대 청소년들이죠. 어찌 보면 이해할 수 없는 것은 어른들의 태도입니다. 아이들이 조금만 10대 신분에서 어긋난다 싶은 일을 하려 하면 어리다는 이유로 꾸짖고 못 하게 하면서 공부에 대한 이야기만큼은 어른들의 수준에 맞춰주기를 원하는 거죠. 아이들의 처지에서 보면 굉장히 이중적인 모습으로 비칩니다. 반항심만 더 늘어가죠. 공부에 대한 관심은 전혀 안 생기고요. 하다못해 군대를 다녀와서 3~4살 어린 후배들과 이야기를 해도 세대 차이가 느껴지는 것이 요즘입니다. 세상이 너무나도 빠르게 변하니까요. 하지만 왜 부모님들은 아이들과의 소통에서 30년 가까운 세월을 단번에 뛰어넘으려 하시나요?

진정 아이들의 행복을 원하신다면 꼭 버리셔야 할 믿음이 있습니다. '우리 아이는 내가 제일 잘 안다.'라는 믿음이 그것입니다. 인지 심리학 이론에 의하면 사람은 자신이 보고 싶은 것만 보고, 믿고 싶은 것만 믿는다고 합니다. 학생의 진로나 적성을 파악할 때는 객관적인 시각으로 바라보는 것이 필수적입니다. 하지만 부모님은 객관성을 유지하실 수 있을까요? 상대는 눈에 넣어도 아프지 않다는 자식입니다. 객관성이 있을 리가 없습니다. 더군다나 아이들은 부모님이 내가 어떤 모습이길 원하는지 잘 압니다. 사춘기가 지나면서 아이들은 부모님이 원하는 모습은 보이고, 그렇지 않은 모습은 감추는 것에 익숙해집니다. 객관성을 잃어버린 시선에 이런 상황까지 더해지면 부모가 자식을 보는 눈은 완벽하게 왜곡됩니다. 〈슈퍼스타K〉를 비롯한 오디션 프로그램에서 부모님 인터뷰 장면이 나오면 자주 등장하는 장면이 있습니다. "우리 아이가 이렇게 노래를 잘하는지 몰랐다." 백만 명이 넘는 참가자 중 손가락으로 꼽힐 정도라면 타고난 재능에 엄청난 연습량까지 있어야 합니다. 그런데도 가장 가깝다는 부모님은 모르고 있던 경우가 많습니다.

　아이들이 진정 행복해지기를 원하시나요? 그렇다면 아이들의 생각에 귀를 기울여 주시기 바랍니다. 아이들의 생각을 존중해 주세요. 터무니없는 이유로 공부에 관심을 끌게 되었다 할지라도 그 생각을 밀어주시기 바랍니다. 세상 모두가 등을 돌려도 믿어줄 단 한 사람이 존재한다면 그건 부모님이 아닐까 생각합니다. 부모님의 사랑은 그 정도로 깊다고 배웠습니다. 그런데 유감스럽게도 현장에서 만나는 대부분 사례를 보면 아이들의 꿈을 가장 먼저 무시하는 것이 부모님이었습니다. 아이들이 이야기하는 부모님은 이런 모습입니다. '허튼소리 하지 말고 나중에 후회하기 싫으면 엄마(혹은 아빠) 말 들어라.' 부모님은 아이 앞에서 제게 말씀하십니다. '내 말을 들어야 나중에 후회 안 하고 잘 사는데. 왜 이렇게 말을 안 들어 먹는지 모르겠다.' 이런 모습을 볼 때마다 드는 정말 솔직한 심정을 말씀드리자면, 정말 아이의 행복을 원하시는 건지 당신들께서 정해 놓으신 인생을 그대로 따라오는 모습을 보고 싶어 하시는 건지 모르겠다는 것입니다. 사람은 결코 누군가가 정해준 대로 산다고 행복해지지 않습니다. 그걸 보는 부모는 행복을 느낄지 모르겠지만 말이죠.

아이들의 공부는 절대로 강요한다고 되질 않습니다. 한 시간 하던 공부, 한 시간 반 하게 할 수 있을지는 몰라도 극적인 변화는 절대 일어나지 않는 것이죠. 자녀가 공부를 열심히 하기를 원하신다면 아이의 꿈에 공부가 필요하다는 것을 느끼게 해주시기 바랍니다. 억지로 학원에 보낼 시간과 돈으로 아이를 데리고 명문대 탐방을 한 번 해주시기 바랍니다. 엉터리 투어 프로그램 같은 것을 이용하지 마시고 공신닷컴에서 무료로 진행하는 프로그램을 신청하시거나, 직접 데리고 하루 돌아보세요. 말로만 듣던 명문대를 직접 보고 돌아오면 아이의 눈빛이 달라집니다. 아이가 관심 있어 하는 분야가 있다면 그걸 살릴 수 있는 직업이 어떤 것이 있을지, 실제 그 분야가 산업에서 어떻게 쓰이고 있는지를 함께 찾아보고 연구해 보세요. 구체화하기 위해서는 어떤 것을 전공해야 하고, 그 분야에서는 어느 대학이 뛰어난지도 알아보시고요. 아이의 꿈이 수시로 바뀌어도 좋고, 허무맹랑한 목표라도 좋습니다. 연예인을 꿈꾼다면 오디션 프로그램에도 참가시키시고 기획사 오디션도 보게 하세요. 진짜 재능이 있다면 키우는 게 맞는 것이고, 그게 아니라면 아이도 현실을 깨닫고 포기하게 될 것입니다. 이런 과정을 통해서 아이는 부모님이 자신을 존중하고 있다는 믿음을 얻고, 무엇을 하더라도 제대로 공부하는 것이 자신을 위해 가장 좋다는 것을 알게 될 것입니다.

이 과정에서 가장 주의하셔야 할 것은, 부모님이 생각할 때 좋은 직업을 아이에게 강요해서는 안 된다는 것입니다. 아이의 가치관 형성이나 부모님과의 관계를 떠나 이것은 그 자체로 굉장히 위험합니다. 앞서 너무나 빠르게 변하고 있는 세상에 대해 말씀드렸습니다. 우리 아이들이 앞으로 살아갈 세상은 더욱 빠르게 변할 것입니다. 하지만 부모님은 현재를 기준으로 아이들에게 직업과 진로를 권하곤 하십니다. 아이들은 미래를 살아야 하는데 말이죠. 지금 괜찮다는 평을 듣는 직업이 앞으로도 그렇다는 보장은 어디에도 없습니다.

그 시대에 어떤 직업이 가장 주목받고 있는지를 보는 지표는 여러 가지가 존재합니다. 어떤 전공이 가장 인기 있는지를 보는 것도 선호도를 파악하는 하나의 기준이 될 수 있습니다. 약 10년 전, 제가 고3 시절 가장 인기 있던 학과는 사범계열의 학과들이었습니다. 자연계열에서는 한의대가 열풍을 넘어서 광풍이라 불릴 정도였습니다. 그와는 반대로 이공계의 인기는 바닥을 치고 있었습니다. 이공계 기피 현상이 너무도 심해 연일 언론에서는 이공계 위기에 대해 대서특필하곤 했습니다. 명문 법대를 보유한 몇몇 대학을 제외한,

대부분 사범대학이 있는 대학에서는 국어교육과, 영어교육과, 수학교육과 등의 인기 사범대학이 가장 높은 합격선을 형성하고 있었습니다. 지방에 소재한 한의대들의 합격선은 서울대의 의대와 치대를 제외한 최고 인기학과와 맞먹거나 오히려 더 높기도 했습니다. 서울대 의대와 경희대 한의대를 복수 합격하고 경희대를 택하는 것이 그리 이상하게 보이지 않던 시절이었고, 인문계열의 서울대 학과에 합격하고 교차 지원 합격한 한의대에 진학하는 것도 '그럴 만하다.'라고 하던 시절이었죠.

하지만 그때 사범대와 한의대를 진학한 제 친구들이 졸업할 때가 되자 상황이 급변했습니다. 사범대학은 살인적인 임용 경쟁률 때문에 그 미래가 너무나 불투명해졌습니다. 수험생들의 인기를 반영하는 학과 합격선도 이미 경영, 경제학과에 그 윗자리를 넘겨주고 하위권을 형성하게 되었습니다. 한의대의 합격선 하락은 더욱 심합니다. 한의학에 대한 관심이 줄어듦에 따라 한의대 선호도도 굉장히 떨어졌습니다. 오히려 취업시장에서 절대적 위력을 발휘하는 공대의 인기가 굉장히 올라갔습니다. 특히 '전화기'라 불리는 전기공학, 화공학, 기계공학과는 의대를 제외하고 최상위 합격선을 형성하고 있습니다. 인문계열에서도 취업시장에서 선호되는 상경계열의 인기가 최고조를 달리고 있습니다.

물론 교사라는 직업과 한의사라는 직업은 존경받아 마땅한 훌륭한 직업입니다. 하지만 문제는 그 당시 많은 학생이 '안정성'과 '고수익' 보장이라는 이유 때문에 전공을 택한 비율이 높았다는 것입니

다. 그리고 그 안정성과 고수익에는 부모님의 권유라는 배경이 자리
하고 있는 경우가 매우 많았습니다. 이 전공을 자신의 선택으로 택
했다면 그것은 문제 될 것이 없습니다. 본인이 원한 것이었고, 본인
이 공부하고자 한 학문이니 사회적 변화로 인해 그 직업이 어려워졌
다고 하더라도 남을 탓할 이유가 없습니다. 세상에 100% 안정적인
직업은 없으니까요. 하지만 그렇지 않은 나머지는 큰 문제가 됩니
다. 분명 어른들이 '안정적이다, 돈 많이 번다.' 라는 이유로 권해서
(혹은 강요로) 그 전공을 택했는데 막상 사회에 나올 때가 되니, 전
공을 택한 이유가 사라져버린 것이기 때문이죠. 그 감당은 온전히
스스로 해야 합니다. 자신이 원한 것도 아니었지만 말이죠.

정말 길게 이야기했지만, 궁극적으로 부탁드리고 싶은 것은 하나
입니다. 정말 간곡히 부탁드립니다. 우리 아이들의 이야기를 좀 더
진지하게 들어주시기 바랍니다. 더욱 믿어주세요. 우리 아이들은 생
각보다 훨씬 진지하고 생각이 많습니다. 자신이 원하는 것을 만나면
치열하게 파고드는 열정도 있습니다. 부모님만큼이나 좋은 대학에
가고 싶어 하고, 그것을 바탕으로 자신의 꿈을 펼치고 싶어 합니다.
다만 자신의 꿈이 실제로 어떤 것인지, 그 꿈을 어떻게 사회에서 구
현할 수 있는지를 잘 모를 뿐입니다. 그리고 그 과정에 공부가 필요
하다는 것을 모를 뿐입니다. 그걸 알려주는 것이 현재의 사회를 사
는 어른들의 몫이라 생각합니다.

나이도 어린놈이 다소 강한 문체로 이야기하는 것이 괘씸하게 느
껴지실지 모르겠습니다만, 그만큼 안타까움이 많았다고 이해해 주

셨으면 좋겠습니다. 부모님과 아이를 한 자리에서 상담하다 보면 눈물을 흘리는 아이들이 한둘이 아닙니다. 심지어 대성통곡하는 여학생들도 심심치 않게 생깁니다. 나이가 어리다고 고통을 덜 느끼는 것이 아닙니다. 대신 그 고통을 극복하는 것은 참 서툽니다. '왜 애들이 잘못한 것은 이야기 안 하고 어른들만 바뀌라 하느냐' 고 하실지 모르겠습니다. 이유는 간단합니다. 가장 먼저 말씀드렸듯이 부모님들께서 워낙 자식 사랑이 강하시기에 아이들을 위해서라면 기꺼이 변하실 거라 믿기 때문입니다. 그리고 이 책을 모두 읽어 보시면 아시겠지만, 아이들의 잘못된 모습은 훨씬 독하게 꾸짖고 있습니다. (^^)

　마지막으로 상담 사례를 하나 붙이며 이야기를 마칩니다. 이 상담 사례를 통해 부모님과 학생이 모두 행복할 수 있는 길에 대해서 생각해 주셨으면 좋겠습니다.

　감사합니다.

제목: 제 꿈을 무시하는 부모님 때문에 공부를 다 버리고 싶어요.

안녕하세요. 중3 학생입니다. 뭐, 공부에 대한 큰 고민이 있을 만큼 공부를 못 하진 않지만, 진로에 대해 고민하고 있어서 조언을 좀 듣고 싶어 글을 보냅니다.

제가 그래도 공부 좀 한다는 소리를 들어 특목반 나부랭이로 지내고 있습니다. 그런데 저는 꿈이 부정당했답니다. 만화가의 꿈이 있는데, 그 꿈은 현실성이 없다고 부모님께서 완강히 거부하시네요. 일단 저는 그 꿈을 마음속에 묻어 두었습니다.

그런데 공부에서 가장 중요한 것은 마음가짐이라고 하셨는데, 그 마음을 다지기 위해선 목표가 있어야겠지요? 저는 그 목표가 없어진 거지요. 덕분에 공부할 의욕이 나질 않아 공부를 하는 둥 마는 둥 하게 됩니다. 이러니 실력은 제자리걸음이고 입시는 다가오고…. 또 제가 뭔가를 꾸준히 할 수 있는 성격이 아니라 ; ;

'외고에 붙기 위해선 공부해야지.' 하면서도 몸은 그저 흥청망청합니다 ….

우선 저는 이 목표를 정확히 하고 싶습니다. 제 몸에 열정을 심어 다 줄, 그런 인생의 목표. 그런데 참 목표를 정하기 어려운 게, 저는 그림을 열심히 그리고, 문학도 많이 접해 보면서 좋은 만화를 만드는 만화가가 되고 싶은데, 지금 제가 가진 꿈과 제가 하는 일이 너무나 달라서 어찌할 바를 모르겠네요.

전 이 흔들리는 마음을 다잡고 제가 이루고 싶은 것을 이루고 싶습니다. 그리고 보란 듯이 성공하고 싶습니다.

제 마음속 불씨가 타오를 수 있게 좋은 말씀 부탁드립니다.

▶ 답변

어른들의 말이라는 게 그래. 확실히 사회를 먼저 겪어 보신 분들이라 그분들의 말이 옳을 때가 많아.

하지만 최근 10~20년은 너무나 빠르게 세상이 바뀌었어. 부모님 세대만 해도 만화가는 그냥 '떨어지는 수준의 망가(만화)' 나 그리는 하찮은 직업이라고 생각되었거든.

하지만 지금은 다르잖아. 만화도 엄연히 하나의 예술로 확고히 자리 잡았지. 정말 훌륭한 문학성을 갖춘 작품들도 있고, 그 작품을 바탕으로 영화나 드라마 등이 제작되어서 큰 부가가치를 창출해 내기도 하지. 하지만 어른들은 그걸 아직은 잘 모르시는 게 사실이야.

네가 공부를 그렇게 잘하니까 부모님께서는 너에게 기대가 클 거야. 판검사가 되기를 원하실 수도 있고, 높은 행정관료가 되기를 원하실 수도 있고, 명망 있는 학자가 되어 대학에서 아이들을 가르치는 일을 원하실 수도 있어. 적어도 어른들의 생각에서는 그게 공부에 대한 재능을 제대로 살릴 수 있는 정상적인 일일 테니까.

그런데 제일 중요한 건 너의 꿈이야. 네가 만화가가 되고 싶다는 꿈이 그리 확고하다면 절대 포기하지 마. 네가 그렇게 하고 싶은 게 있는데 다른 거 해서 부러움 산다고 해서 네가 행복할까? 너의 10대 시절, 너의 표현대로 '몸에 열정을 심어다 줄, 그런 인생의 목표'를 찾았는데, 그걸 무시당하고 다른 사람의 말에 따른 삶을 따라간다 하더라도 그게 정말 행복한 길일까?

형은 절대 아니라고 생각해. 어른들이 권해 주는 직업들은 대부분 그분들이 보기에 좋아 보이고 행복해 보이는 직업들이야. 네가 보기에도 그 직업을 갖는 것이 행복할 것 같다면 어른들의 말을 따라가도 괜찮아. 하지만 그게 아니라면 그러지 않았으면 좋겠다는 거지.

그런데 너도 좀 생각을 달리해 볼 필요가 있어. 세상을 너무 이분법적으로 볼 필요는 없다는 거야. 만화가가 되는 길을 '부모님의 허락을 얻고 지지를 얻어야만 이룰 수 있는 꿈'이라고 생각할 필요는 없어. 너는 공부 잘하니까 특목고에 꼭 가고, 가서도 열심히 공부해서 좋은 대학에 들어가. 네가 의미 없다고 생각하는 일련의 과정에서 네가 공부하는 것들이 나중에 네 꿈을 이루는 데 분명히 도움이 될 거야.

만약에 네가 공부 열심히 해서 서울대 국문과에 들어간다고 해봐. 그러면 거기서 많은 문학 작품들을 접할 수 있겠지? 예술로서 갖춰야 할 여러 요소에 대한 배움도 굉장히 깊어질 테고. 그러면 그게 너의 만화에 엄청난 문학성을 심을 기회를 줄 거야. 너는 단순한 만화 작가가 아닌 지성과 날카로운 의식이 담긴 만화를 그리는 우리나라에 단 한 명뿐인 작가가 될 수 있다는 거지.

국문과를 예로 들긴 했는데, 네가 공부를 하다 보면 다른 어떤 전공에

끌리게 될 수도 있어. 갑자기 사회학에 관심이 생겨서 날카로운 사회 비판을 하는 만화가가 될 수도 있고, 사회 소외층을 대변하는 만화를 그려서 사회에 변화를 가져올 수도 있고. 영문과에 진학해서 네가 그려내는 훌륭한 작품들을 외국에 동시에 발표하며 세계적으로 인정받는 만화가가 될 수도 있어.

이런 만화가가 사회적으로 무시당할 만한 그런 직업일까? 저런 업적을 이루는 만화가가 있다면 정말 존경받을 만한 사람일 텐데. 그렇지? 명문대라는 게 좋은 이유 중 하나는 학생이 원하는 진로가 있으면 그 진로에 다가갈 수 있는 아주 다양한 길을 제시해 줄 수 있다는 거야. 더군다나 네 꿈은 좋은 대학에서 수준 높은 교육을 받을수록 더욱 빛날 수 있는 분야이고.

네가 하는 학교 공부가, 그리고 진학을 위한 공부가 만화를 그리는 것과 아무 상관 없다고 생각하지 마. 절대 그렇지 않아. 절대 꿈을 포기하진 마. 그리고 공부도 포기하지 말고. 네가 가지고 있는 공부에 대한 재능도 아주 소중한 거야. 남들이 절대 무시할 수 없는, 지성이 흘러넘치는 만화가의 모습. 난 멋지다고 생각해.

어려서부터 그렇게 확고한 목표의식을 가지고 노력하는 네 모습이 참 대견스럽기도 하고 부럽기도 하구나. 힘든 일 있으면 언제든지 메일 보내. 형이니 이야기 다 들어줄게.

파이팅이다!

공부법

1. 공부한다는 것
모두가 이야기하지만 아무도 알려주지 않는 진실

　어려서부터 나는 무척 궁금했던 것이 있다. 그것은 바로 '공부'라는 것의 정체였다. 생각해보면 중학생이 된 이후 주변에서 가장 많이 들은 말은 '공부해라'였다. 집에서, 학교에서, 학원에서 항상 듣는 말이었다. 그 당시의 나를 알던 사람들은 믿지 않을지 모르겠지만, 나도 공부를 열심히 하고 싶었다. 그래서 시험기간에도 불안해하지 않고, 성적표가 나올 시기가 되면 마음 졸이지 않고, 나보다 공부 잘하는 아이들을 보며 부러워만 하고 있지 않기를 원했다. 시험 점수라는 것은 나를 누군가보다 열등한 사람으로 판단하는 아주 객관적인 지표로서 통용되고 있었다. 육체적 체벌과 정신적 학대 등의 정당화 수단으로 이용되기도 하였다. 수학 시험문제를 많이 틀렸으니까 5점당 2대씩 당구봉으로 맞는 것은 당연한 일이었다. 영어 점수가 형편없으니 점수가 안 좋은 아이들은 자신의 점수를 반 아이들이 지켜보는 가운데 모조리 공개되는 창피함을 겪어도 불만을 가져서는 안 되는 것이었다. 담임선생님께서 우리 반 아이들의 이름과 전 과목 성적, 석차가 적혀 있는 종이를 여자아이들이 있는 반에서 공개하는 것도 성적만 잘 나왔다면 부끄러울 일이 없는 것이므로 불만을 가지면 안 되는 것이었다. 우리 학생들에게 성적이라는 것이 이렇게 쓰이고 있는데 공부를 잘하기 싫어하는 학생이 어디 있겠는가? 우리는 모두 분명 공부를 열심히 해서 좋은 성적을 얻기를 바란다. 다시 한 번 강조하지만, 성적이 안 나오는 고통과 설움을 가장 적나라하게 받아야 하는 것은 학생들이다. 물론 나도 그 설움을 온몸으로 받던 학생 중 하나였다.

'공부하라'는 말만 들으면 호흡곤란이 오던 공부 거부자

그래, 나는 공부를 정말 잘하고 싶었다.

"일신여중 전교 1등은 매일 새벽 2시까지 공부한다더라."

"우리 아빠 친구 아들은 일주일에 하루 4시간씩만 자고 공부한대. 그래서 전교 3등 안에 항상 든대."

나도 이런 이야기를 들으면서 부러워만 하고 싶지 않았다. 나도 그 꿈 같은 전교 한 자리 등수가 되어서 소문에 회자되는 사람이 되고 싶었다. 그래서 학교 선생님들도 나를 특별히 대해 주고 집에서 부모님의 자랑거리가 되고 싶었다. 시험이 끝나면 아이들이 전부 내 자리로 몰려서 답을 물어보는 지금 현실에서는 절대 일어날 수 없는 일을 겪어 보고 싶었고, 공부를 잘한다는 이유로 한 번도 본 적 없는 다른 반 아이들도 내 이름을 알았으면 좋겠다고 생각했다. 그런데 그렇게 할 수 없는 치명적인 이유가 있었다.

난 '공부를 한다.'라는 것이 무슨 뜻인지 몰랐다. 그것이 내 공부를 방해하는 치명적인 요인이었다. 사실 공부에 대한 이런저런 이야기는 정말 지겹도록 들었다. 공부는 평소에 하는 것이다, 놀 땐 놀고 공부할 땐 공부하는 것이 진짜 멋있는 거다, 지금 공부해야 시험 기간에 후회 안 한다, 잘 노는 아이들보다 공부 열심히 하는 아이들이 나중에 정말 대접받는다 등등.

우리나라 학생 중 위의 이야기를 몰라서 공부 안 하는 학생이 있는가? 다 안다. 하도 많이 들어서 이제 "놀 땐 놀고~" 부분만 나와도 무슨 이야기를 하려 하는지 다 안다. 우리가 공부를 안 하는 것이 정말 위의 이야기들을 몰라서라고 생각하는 걸까? 그렇다면 우리를 가르치고 지도하는 사람들은 잘못 생각해도 한참 잘못 생각하는 것이다.

우리가 공부를 열심히 하지 않는 가장 큰 이유는 '공부를 하는 것'이 무엇인지 모르기 때문이다. 말을 그렇게 하면 안 된다. 공부하면 어떻고, 안 하면 어찌 되고 그런 것을 이야기하기 전에 공부한다는 것은 무엇인지를 설명해줘야 한다. 도대체 공부한다는 것이 무슨 뜻인지를 알아야 공부를 하든지 아니면 포기하든지 할 것이 아닌가? 어떻게 하는 것인지는 알려 주지도 않으면서 열심히 하지 않는다고 우리를 탓한다면 그건 정말 비합리적이다.

우리가 공부를 열심히 하는 누군가와 비교당할 때, 가장 화가 나는 것도 위의 이유가 크게 작용한다. 물론 남들과 비교당할 때 자존심이 상하는 것은 인간의 본능이고, 그 때문에 분노가 절정에 이른다고 할 수도 있지만, 그 안에는 이런 불만도 내재되어 있는 것이다. "공부를 열심히 하는 것이 어떤 것인지도 모르는데도 대체 나보고 뭘 어쩌라는 거야?" 주변에서 들려오는 각 학교 전교 1등들의 이야기도 마찬가지다. 평소에 그 아이들이 도대체 어떤 이유로 그렇게나 많이 공부하는지는 다음 문제다. 도대체 그들이 하고 있다는 '공부'가 무엇이냐는 것이다. 도대체 그들은 무슨 짓을 하길래, 그들이 실천하는 행위를 두고 주변 사람들은 '공부를 한다.'라고 하는 것인지, 그게 문제인 것이다.

그렇기에 집에서 벌어지는 공부 갈등은 아주 슬픈 아이러니를 담고 있다. '공부를 열심히 해라.'라고 이야기하는 부모님도 공부가 뭔지 모르고, 그 이야기를 듣고 책상에 억지로 앉아 있는 아이들도 공부가 뭔지 모른다. 공부를 시키는 사람이 있고, 그 이야기 때문에 억지로 공부하는 사람도 있는데 공부에 대해 아는 사람은 아무도 없다. 그들은 의미도 모르는 행위를 시키고, 의미도 모르는 행위를 억지로 행한다. 그러니 결과는 뻔하다. 점수는 절대 오를 리가 없고, 아이들은 반항심만 키워 나가고, 근본적인 문제 해결 없이 막연한 기대로 아이들을 학원으로 내몰게 되니 사교육비는 늘어나고, 학원에서도 공부라는 것의 의미를 알려 주지 않으니 사교육비는 엄청나게 늘지만, 성적은 오를 리가 없다. 그러니 또 아이들에게 실망하게 되고, 부모님의 실망과 질책 속에 아이들은 반항심만 키워나가게 된다. 이는 정말 슬픈 일이다. 결과만 놓고 보면 아이들을 위해 뼈 빠지게 일하는 부모님, 부모님을 기쁘게 해드리기 위해 공부를 잘하고 싶은 아이들이 있지만(실제로 아이들에게 왜 공부를 잘하고 싶은 것인지 물어보면 가장 많은 아이가 부모님을 기쁘게 해드리기 위함이라고 대답한다.) 결과물은 이들 모두의 바람을 처절히 빗겨 가고 있다.

악순환도 이런 악순환이 없다. 이런 악순환이 낳는 결과물을 보자.

1) 부모님의 아이들에 대한 실망감 상승.
2) 아이들의 부모님에 대한 반항심 증가.
3) 의미 없는 사교육비의 증가.
4) 쓸데없는 사교육에 따른 시간 낭비.
5) 늘어나는 사교육비로 가계 부담 증가.
6) 가계 부담 증가에 따른 학부모의 스트레스와 부담감 증가.
7) 학원, 과외에도 불구하고 점수가 오르지 않는 것으로 인한 학생
   들의 스트레스 증가….

그냥 떠오르는 것들을 별 고민 없이 즉흥적으로 적어 보아도 일곱 가지 이유가 있다. 본격적으로 파고들어 보면 3~4배의 부정적 결과 물들을 찾을 수 있을 것이다.

이와 같은 문제들은 반드시 해결해야 한다. 이런 악순환의 고리를 끊지 않으면 의미 없는 지출과 그것이 일으키는 앞서 언급한 결과물 은 절대 개선할 수 없다. 그렇다면 이제부터 악순환의 고리를 끊어 낼 단계로 진입해 보자. '공부한다'는 정의를 모르기 때문에 일어나 고 있는 일들을 자세히 살펴보고 이를 어떻게 해결할지를 알아보자. 이를 위해 이제 막 중학생이 된 14살의 종민이를 만나보자. 그렇다.

필자의 중학생 시절로 돌아가 보려 하는 것이다. 종민이의 이야기를 통해 공부라는 것의 정의를 모른 채로 공부를 강요당할 때 일어나는 혼란들에 대해 알게 되었으면 한다.

전국 95%의 학생들이 겪는 문제, 공부? 뭐 어쩌라고?

학교에 다녀온 종민이는 책상 위에 앉아 있다. 이제 중학생이 되었으니 무작정 놀지만 말고 집에 와서 공부 좀 하라는 잔소리를 듣고 난 직후라 기분이 좋지는 않지만, 그래도 공부해야겠다는 막연한 의무감이 없는 것도 아니다. 책꽂이에는 교과서들이 꽂혀 있고, 어디서 어떻게 굴러들어온 건지 기억도 나지 않는 문제집들도 함께 있다. 공부하려 하니 막막하다. 무슨 과목을 해야 할지도 모르겠고, 몇 시간씩 해야 할지도 모르겠다. 일단 책상이 너무 난잡해서 공부가 안되는 것 같다는 판단하에 책상 정리를 시작한다. 교과서와 참고서를 같은 과목들 위주로 정리하고, 쓰레기를 버리고, 필기구도 보기 좋게 정리한다. "공부 못 하는 아이들이 공부하기 전에 맨날 책상 정리만 한다."라는 비아냥 섞인 이야기가 떠오르긴 하지만, 어쩌겠는가? 책상이 지저분하면 집중이 안 되는데.

청소를 끝내고 대강 교과서를 한 권 꺼냈고 문제집도 하나 꺼냈다. 문제집을 풀어보려 했지만, 풀 줄 아는 것이 없다. 교과서를 읽어봤지만, 이 많은 내용 중에 무엇을 외워야 할지도 모르겠고 어떤 내용이 문제로 나오는지도 모르겠다. 외우는 시늉이라도 해보려 하는데 어떻게 외우는지도 모르겠다. 써 가며 외우자니 시간이 너무 오래 걸리고 머릿속으로 되뇌자니 잘 외워지는 것 같질 않다. 여기 있는 내용을 모두 외우자니 자신이 없고, 중요한 것만 외우자니 무엇이 중요한지도 잘 모르겠다. 그리고 무엇보다 남들은 어떻게 외우는지도 잘 모르겠다. 공부를 잘하려면 요약정리를 잘해야 한다는 이야기를 들은 기억이 나서 새 공책에 '핵심노트'라고 이름 짓고 교과서 내용을 요약하기 시작한다. 1페이지를 반 정도 채웠을까? 생각보다 시간이 너무 오래 걸린다. 쓴 내용을 다시 읽어봤는데 무슨 내용인지 알지도 못하겠다. 외워지지도 않는 내용을 이렇게 보기 좋게 정리한다고 무슨 의미가 있을까 싶다. 이런 속도로 전 과목을 정리하려면 몇 주는 걸릴 것 같다. 그리고 내가 정리하고 있는 이 내용이 정말 핵심인지도 모르겠다. 무엇보다 불안한 것은, 내가 하고 있는 것이 정말 공부인지도 확신이 서질 않는다는 것이다. 너무나 답답하기만 하고 이젠 불안한 마음이 들기 시작한다. 공부는 점점 처지는 것 같고, 모두에게 뒤떨어진 상태로 인생도 끝날 것 같다. 너무나 불안하고 무섭지만, 도대체 이 빌어먹을 공부가 무엇인지 물어볼 곳이 없다. 엄마 아빠는 보나 마나 내가 불성실하다고 혼만 낼 것 같고, 형은 날 무시할 테고, 동생에게 물어보느니 차라리 죽는 것이 낫지 싶다. 그 누구도 도와주지 않으면서 공부는 해야 하는 현실 때문에 정말 죽고만 싶어진다. 답답한 마음으로 한숨만 쉬고 있는데 눈앞에 소설책이 보인다. 평소에는 거들떠보지도 않던 책이 이럴 때 보면 왜 이리 재미있는지 모르겠다. 한 5분 정도 읽었을까, 갑자기 엄마가 과일을 들고 들어오신다. 그리고 책을 읽고 있는 내 모습을 보시고는 '공부하는 줄 알았더니 딴짓만 하고 있다' 며 핀잔을 주고 가신다. 아, 정말 억울하다. 왜 엄마는 꼭 이런 타이밍만 맞춰 들어오시는지 모르겠다.

그리고 다음과 같은 의문들이 꼬리에 꼬리를 물고 생겨나기 시작한다. 어렸을 때는 공부 잘하려면 책을 많이 읽어야 한다면서 그렇게 억지로 책을 읽게 하시더니 이제는 왜 책을 봐도 뭐라고 하시는 걸까? 의문은 꼬리에 꼬리를 물고 계속해서 생겨난다. 난 도대체 뭘 해야 하는 걸까? 제일 불안하고 스트레스받는 건 나인 것 같은데, 왜 내가 항상 죄를 짓는 기분인 걸까? 도대체 공부라는 것이 뭘까? 책상에 앉아서 책을 보면 공부를 하는 걸까? 소설책 말고 교과서를 읽거나 문제집을 풀면 공부를 하는 걸까? 연습장에 무언가를 쓰면서 소리 내어 읽어보면 공부를 하는 걸까? 왜 그 누구도 나에게 공부가 무엇인지 알려 주질 않는 걸까? 공부가 그렇게 내 인생에서 중요한 것이라면서 왜 그런 중요한 공부가 뭔지는 알려 주질 않는 거지?

지금까지 모두는 나에게 그저 공부하라고만 했다. 참 이상하지 않은가? 만일 누군가 여러분에게 '용접을 해라.' 라고 한다면 여러분은 이렇게 외칠 것이다. '난 용접이 무엇인지도 모르고 어떤 도구를 어떻게 쓰는지도 몰라요. 그런데 용접을 어떻게 합니까?' 라고 말이다. 공부라고 뭐 크게 다를 것이 있겠는가? 하지만, 여러분은 외치질 못한다. '난 공부가 무엇인지도 모르고 어떻게 하는지도 몰라요. 그런데 공부를 어떻게 합니까?' 라고.

공부는 진짜 더럽게 힘든 것

응당 보여야 할 반응을 여러분은 왜 못 보여주고 있는가? 그것은 어떤 대답이 돌아올지 너무나 잘 알고 있기 때문이다.

"그냥 공부하라면 할 것이지 무슨 핑계가 이렇게 많아!"

"공부가 공부지 뭐야? 괜히 공부하기 싫으니까 쓸데없는 소리 하고 있어!"

학생들은 '공부가 제일 쉽다.', '공부나 할 때가 제일 편한 것이다.', '그냥 공부만 하면 되는데 무슨 불만이 그리 많아?' 라는 어른들의 말에 너무나 크게 상처받고 있다. 그리고 난 위의 말에 절대 동의하지 않는다. 죽기 살기로 공부에 매달렸던 그 당시를 생각해보면 남들보다 3년이나 늦게 시작한 나의 대학 생활도, 4살이나 어린 선임들에게 욕먹어가며 맞아가며 했던 전투경찰 생활도, 불안한 미래 때문에 하루도 편히 잠들지 못했던 최근의 몇 해와 비교해 봐도 더 힘들었으면 힘들었지 절대 편하지는 않았다. 오죽했으면 육체적·정신적으로 가장 고된 시간을 보냈던 군 생활 기간에도 '내가 공부하며 고생했던 시간에 비하면 이건 아무것도 아니다.' 라는 생각으로 버텨내곤 했었다. 한번 뒤집어서 이런 의문을 던져보고자 한다. 그리 이야기하는 어른들은 학창시절, 대입을 경험할 때 정말 그리도 편하게 공부하셨는지, 다른 걱정 없이 공부만 할 수 있었기에 마냥 편하고 행복하셨는지 말이다. 공부는 위에서 예로 들었던 이야기들처럼 아름답고 낭만적인 것이 결코 아니다. 아무것도 모르는 상태로 무턱대고 덤빌 만한 성질의 것이 결코 아니다.

다시 한 번 이야기하지만, 위의 이야기들은 어느 누구의 이야기도 아니고 고등학교를 전교 3등으로 졸업하고, 국내 최고의 명문 사립 대학을 졸업했으며 멘토링을 통해 수많은 수험생을 성공의 길로 이끌어온 최고의 학습 컨설턴트이자 공신닷컴 산하 공신학습 전략연구소 소장을 지낸 내가 겪었던 일이다. 여러분이 책상 앞에서 느끼던 기분과 너무나 유사하지 않은가? 공신도 이런 과거가 있었다는 일이 놀랍지 않은가? 나 또한 여러분을 보며 너무나 놀라곤 한다. 10년 가까운 시간 동안 만났던 학생 중 대부분은 공부를 처음 시작할 때 나와 똑같은 상황을 겪었다고 이야기했다. 하지만 더욱 놀라운 것은 지금까지도 그들에게 '공부를 한다.' 라는 뜻이 무엇인지 알려 주는 사람이 없다는 것이다.

공부를 한다는 것의 진짜 의미

하지만 이제 걱정할 필요는 없다. 이제 내가 알려 주겠다. 내가 여러분에게 '공부를 한다' 는 것이 무엇인지 알려 주겠다. 그래서 여러분을 자신 있게 공부할 수 있게 만들어 주겠다. 지금부터 내가 알려 주는 '공부를 한다' 의 정의는 공부의 신 멘토 500여 명의 공부법을 분석하고 또 분석하여 얻은 결론이며, 10년간 수만 건의 상담을 진행하며 얻은 결론이며, 그동안 최하위권에서 최상위권까지 다양한 학생들을 직접 지도하면서 성공의 길로 이끌며 얻어낸 결론이다. 이 정의만 제대로 알면 이미 공부 성공의 반은 이룬 것이나 다름이 없다.

이제 내가 제시할 결론은 너무나 간단하다. 너무 단순한 이야기라 믿음이 안 갈 수도 있지만, 나의 이야기를 믿어야 한다. 사람은 일생을 살면서 세 번의 큰 기회를 맞이한다고 한다. 만약 이 글을 읽는 여러분이 공부를 통해 꿈을 이뤄 보고 싶다는 생각을 한다면, 혹은 자녀나 제자에게 공부를 제대로 지도하고 싶다면 다음의 간단한 원칙을 반드시 실천하고 전달해야 한다. 흔히들 무언가 문제가 생기면 굉장히 복잡하고 특이한 방법을 동원해야만 제대로 해결이 될 거라고 착각하지만, 대부분의 경우 문제점들은 아주 작지만 기본적인 문제들을 바로잡는 것만으로도 큰 문제가 해결되곤 한다. 공부 역시 마찬가지다. 가장 중심이 되는 그 포인트만 잡으면 성공의 길에 반 이상 다가가는 거로 생각해도 좋다.

공부를 한다는 것은 '모르는 것을 알게 하는 것' 이다. 너무나 간단하고 허무한가? '아, 뭐야?' 라는 비난부터 나오는가? 앞서 그렇게나 강조했는데도 실망감을 감추지 못하는 독자들이 있을 거로 생각한다. 하지만 이제부터 이 간단한 문장에 숨어 있는 '공부의 신이 되는 비밀' 을 보여주겠다. 이 간단하기 짝이 없는 문장이 담고 있는 의미를 하나하나 짚어보면 도대체 왜 이 문장이 공부의 신으로 도약하는 첫걸음이 되는지 이해가 될 것이다.

공부의 정의대로 '모르는 것을 알게 하는 것' 을 이루기 위해선 일단 '모르는 것' 이 무엇인지 정의되어야 한다. 즉, 지금의 내 상태가 어떠한지를 진단하는 것이 우선이다. 내가 지금 아는 것은 얼마나 되고 모르는 것은 얼마나 되는지를 파악해야 한다. 설령 이 고민에 대한 답이 '나는 정말 아는 것이 아무것도 없다.'라는 결론이어도 아무 상관 없다. 부족한 것은 채우면 되는 것이기 때문이다.

여러분은 지금 실력으로 대학 가는 것이 아니다. 앞으로 채워나갈 실력으로 가는 것이다. 그렇기에 이제 '알게 하는 것'을 실행하면 되는 것이다.

그렇다면 이 '알게 하는 것'은 어떻게 해야 할까? 이 공부를 제대로 하기 위한 원칙에는 세 가지가 있다. 바로 '기본개념이해', '암기', '적용' 등 세 가지이다. 우리가 공부해야 하는 과목에서 제시하는 기본 개념을 읽고 올바르게 이해해야 한다. 그리고 이 가운데 중요한 내용은 반드시 제대로 암기해야 한다. 암기한 내용은 문제를 통해서 적용하는 훈련을 거치게 된다. 이 과정만 제대로 잡힌다면 장담하건대, 어떠한 문제가 나오더라도 다 풀 수 있게 된다. 공신들의 공부법에는 이 공통 요소가 단 한 명도 제외하지 않고 자리하고 있었다. 자세한 공부법은 앞으로 보게 될 파트에서 아주 상세히 다룰 것이다.

여러분은 이것만 기억하면 된다. "공부는 모르는 것을 알게 하는 것이며, 이 과정에서 꼭 필요한 것은 기본 개념의 이해와 암기, 적용이다." 이 문장을 주문처럼 외우고 다녀 보라. 이 문장을 매일 10번씩 반복해서 되뇌며 공부하는 것만으로도 성적은 미친 듯이 뛰어오르기 시작할 것이다. 이 문장을 외우고 따라 하는 것으로 여러분은 비로소 '공부를 하게' 되는 것이다.

여기까지 읽은 여러분의 가장 큰 걱정이 무엇일지 나는 아주 잘 알고 있다. 첫 번째 걱정은 '너무 늦지 않았을까?' 일 것이며, 두 번째 걱정은 '공부해도 성적이 오르지 않으면 어쩌지?' 일 것이다. 명확하게 답을 알려 주겠다.

첫 번째 걱정에 대한 해답은 '아직 늦지 않았다.' 이다. 하지만 이 책을 본 후에도 공부를 미룬다면 그땐 정말 늦어진다. 한 번 공부 시작을 미룬 사람이 두 번 미루지 않는 것을 본 경험이 없다. 아까 우리의 다짐처럼 정말 공부를 통해서 지금까지 내가 겪은 설움을 모두 날려 버리겠다는 결심을 했다면 지금 이 순간부터 공부에 미쳐 버려라.

두 번째 걱정에 대한 해답은 '그런 일은 절대 없다.' 라는 것이다. 의아하게 생각하는 학생도 있을 것이다. '내 친구 누구는 하루 10시간씩 공부하는데도 점수가 안 오르던데.' 라는 생각 때문일 것이다. 물론 나도 많은 경우를 봤다. 공부를 열심히 해도 점수가 오르지 않는 사람, 분명히 있다. 하지만 지금까지 수만 건의 상담 사례 중에서 '공부를 열심히 해도 점수가 오르지 않았던 사람' 중에 '공부를 제대로 했던 사람' 은 아무도 없었다. 모두 '공부가 무엇인지 모르는 상태' 에서 그저 공부라고 짐작되는 행동만을 되풀이했을 뿐이다. 이제 공부에 대한 확실한 정의를 하고 들어가는 여러분에게는 절대 일어나지 않을 일이다.

앞서 제시했던 공부의 정의를 하루 10번씩 되뇌며, 이제 제시할 상세한 공부법을 100% 실천하라. 그동안 공부 때문에 받던 설움과 기회 박탈은 남의 이야기가 될 것이다. 다만 여러분이 소기의 목적을 달성하게 된다면 그 설움을 똑같이 겪고 있을 누군가를 반드시 돕길 바란다. 그게 내가 여러분에게 바라는 전부이다.

2. 공부에 집중할 수 있는 전략
공부에 집중 못 하는 것은 너의 잘못이 아니다

자꾸 강조하는 것 같아 미안하지만, 그래도 할 말은 해야겠다. 누가 뭐래도 여러분은 지금 공부가 늦은 상태다. 그러니 단순히 열심히 공부만 해서는 안 된다. 좋은 공부법만으로 공부해서도 안 된다. 좋은 공부법으로 열심히, 그리고 많이 공부해야 한다. 입시를 레이스라고 가정한다면 대부분 많은 학생은 여러분보다 앞선 거리에서 더 빠른 속도로 뛰고 있다. 상위권에서 역전이 잘 일어나지 않는 이유를 생각해본 적이 있는가? 그 이유는 공부를 잘하는 아이들이 못하는 아이들보다 앞서 뛰는 것도 모자라 더 빠른 속도로 뛰고 있기 때문이다. 그러니 우리가 우리보다 앞선 아이들을 따라잡기 위해서는 반드시 그들보다 더 빨리, 쉼 없이 뛰어야 한다.

우리의 목표는 '하루 10시간 공부'로 잡자. 물론 지금부터 당장 바로 10시간씩 책상에 매달려 있으라는 뜻은 아니다. 본격적으로 공부하고 있을 때는 하루 10시간씩은 공부하고 있게끔 해보자는 이야기다. 공신들의 수기를 보면 하루 12~13시간씩 공부했다는 공신들이 있다. 상식적으로 보면 이해가 되질 않는다. 어떻게 공부에 미쳤길래 저렇게 공부하지? 정말 상식선을 넘어서 열심히 공부하는구나,

너무 멋지다. 나도 이렇게 해야겠다! 이런 결심으로 책상에 앉지만, 현실은 시궁창이다. 10시간은커녕 1시간을 버티기도 힘들고 밥이라도 먹고 다시 책상에 앉으면 쏟아지는 잠 때문에 공부에 도저히 집중할 수가 없다. 주말이라도 되면 친구들과 영화라도 보거나 놀러 가고 싶고 집에 돌아오면 예능 프로그램이나 드라마가 보고 싶어진다. 책상에 앉는 것 자체가 곤욕이 되고 다시는 쳐다보기도 싫어진다. 그리고 이런 자신의 모습을 보고 끝없이 원망하고 자책하며 '그래, 내일부터는 진짜 달라지자.' 라는 결심을 하고 다음 날이면 또 늦잠을 시작으로 하루를 버리게 된다.

여러분을 보고 '이런 의지 박약들아!' 라고 책망하는 것은 아니다. 내가 어떻게 이렇게 잘 알겠는가? 나도 똑같았기 때문이다. '와, 그럼 공신님은 저런 생활을 하면서 어떻게 고대에 갔어요?' 라고 물어볼지 모르겠지만, 여기에 내가 할 대답은 '나도 하루 12~13시간 공부했거든' 이다. '저렇게 힘들었다면서 어떻게 12시간을 버틸 수 있었나요?' 라는 의문이 생길 것이다. 돌이켜보면 나도 참 신기하긴 하다. 어떻게 그렇게 책상에 앉기 싫어하던 내가 하루 12시간 이상의 공부를 버티게 되었는지를 생각해보면 말이다. 곰곰이 생각해보니 그 비결은 바로 습관에 있었다.

하루 10시간 공부의 원동력은 만화책?

처음 공부하겠다고 독서실에 다니기 시작한 것은 고2 여름방학 때였다. 지금은 없어졌지만, 우리 동네에는 주인아저씨의 관리가 철저하기로 유명한 '서당골독서실'이라는 독서실이 있었고 나와 내 친구는 이 독서실을 함께 다니며 공부하기로 했다. 이 독서실을 이용하기 위해선 입실할 때 정해진 번호를 눌러야 했고, 일정 시간 자리를 비우면 자동으로 퇴실 처리가 되곤 했다. 그리고 이를 이용해 계산된 공부 시간은 모두 기록되어 집으로 발송되었다. 이렇게 이용 시간을 모두 기록하여 집으로 통보했기 때문에 좋건 싫건 간에 자리에 붙어 있을 수밖에 없었다. 여름방학의 독서실 생활은 공부는 하기 싫고, 자리는 비울 수 없고, 어차피 밖에 나가 봐야 덥기만 한 하루하루의 반복이었다. 이 상황에서 내가 택한 것은 바로 만화책이었다. 친구가 소장하고 있던 《원피스》, 《바람의 검심》을 정독하기 시작했고, 친구가 가진 만화책을 다 본 후에는 동네 도서 대여점에서 만화책과 판타지 소설책들을 빌려다 읽기 시작했다. 공부는 만화책이나 소설책 보는 것이 질리거나 빌릴 돈이 떨어지거나 빌려 온 책을 다 보면 조금씩 했다. 독서실 이용 시간은 하루 10시간씩 되었고 집에서는 아주 공부를 열심히 하는 아들이 되어 있었다.

물론 성적에는 변화가 없었다. 이런 공부로 어떻게 성적이 오를 수 있겠는가? 하지만 이 독서실 생활은 계속되었고, 이윽고 모종의 사건 때문에 나는 엄청난 의욕을 불태우며 공부에 매진하기 시작했다. 공부에 불타오르게 된 사건은 너무 개인적인 이야기이기 때문에 굳이 밝히진 않겠지만, (여러분이 너무나 궁금해서 알려달라고 요청한다면 추가로 찍어서 올려주긴 하겠다, 하지만 그러지 말자.) 어찌 되었건 그동안 보던 만화책과 판타지 소설을 딱 끊고 공부하기 시작했다. 신기하게도 그동안 그리도 하기 싫던 공부가 평일 하루 6시간, 일요일 하루 12시간을 공부해도 전혀 힘들지 않았다. 책상 앞에 앉으면 호흡곤란까지 오던 내가 어떻게 이렇게 바뀔 수 있었을까 생각해보니 답은 바로 여름방학 내내 하루 10시간 이상 책상에 앉아 있던 습관 때문이었다.

공부에 집중하는 것을 훈련하자.

이제 여러분이 하셔야 할 것은 책상에 앉는 훈련을 하는 것이다. 그렇다고 동네 만화책 대여점에 선입금해 놓고 만화책과 소설책만 잔뜩 빌려오라는 이야기는 아니다. 소설책을 봐도 좋고, PMP에 영화를 담아서 봐도 좋고, 정 안 되면 만화책을 봐도 좋다. 대신 영화는 추천하는 작품만 보자. 너무 자극적인 쪽으로 빠지는 것을 막고 싶기 때문이다. 추천하는 영화들은 공신들이 여러분에게 권하고 싶은 작품들이므로 너무 죄책감을 가지고 보지 않아도 좋다. 하지만 그 외의 모든 영화와 만화는 죄책감을 응당 가지고 봐야 한다는 것도 잊지 말자. 추천 목록은 첨부표로 정리해서 붙여 놓았으니 참고하길 바란다.

이제 준비를 마쳤으니 매일 책상에 앉자. 목표는 평일 6시간, 주말 10시간을 책상에 앉아서 보내는 것이다. 처음 1주일 정도는 공부 목표량을 평일 1시간, 주말 2시간으로 잡자.

　물론 욕심이 있는 학생이라면 초과 달성해도 좋다. 하지만 중요한 것은 공부시간이야 어찌하든 간에(단, 평일 1시간, 주말 2시간은 반드시 넘도록!) 평일 6시간, 주말 10시간은 책상에 앉아 있어야 한다는 것이다. 이 목표조차 달성하지 못한다면 정말 깊이 반성해야 한다. 다른 것도 아니고 영화보고 책 보면서까지 앉아 있을 수 없다는 것은 말이 안 되는 것이다. 목표를 달성했다면 이번엔 공부 시간을 2배로 늘려보자. 평일 6시간, 주말 10시간을 앉아 있되 평일 2시간, 주말 4시간은 반드시 공부하도록 하자. 전보다 좀 어려울 수 있다. 1주일 동안 모든 목표를 달성할 수 있을 때까지 이렇게 공부하자. 이제 이 정도의 공부가 익숙해질 시기가 오면 다음은 평일 5시간, 주말 8시간 이상을 공부에 배정하자. 정말 힘들 것이다. 하지만 이게 마지막 단계다. 이 단계만 제대로 마친다면 여러분은 공신들처럼 하루 10시간 이상을 공부하는 괴물이 되어 있을 것이다.

　이 단계까지 마친다면 이제 여러분은 공부하는 습관만으로는 전국 5% 안에 드는 학생이 되어 있는 것이다. 앞으로 어떤 어려운 과제가 눈앞에 있더라도 성실한 끈기로 도전하는 것만큼은 그 누구보다 자신 있어질 것이다. 공신들이 아무리 혹독한 공부법을 제시하더라도(공신의 공부법이 혹독할수록 실력 상승 가능성과 점수 상승 가능성은 높아진다.) 무리 없이 해낼 수 있을 것이며, 성적은 눈에 띄게 쭉쭉 뻗어 나갈 것이다.

[공신들의 추천 영화]

제목	추천 공신
굿 윌 헌팅 (Good Will Hunting, 1997)	이종민, 송용현 공신 포함 10명
인생은 아름다워 (La Vita E Bella, Life Is Beautiful, 1997)	석민창, 최선함 공신 포함 6명
죽은 시인의 사회 (Dead Poets Society, 1989)	함주연, 김아람 공신 포함 5명
세 얼간이 (3 Idiots, 2009)	이지선, 이주희 공신 포함 5명
포레스트 검프 (Forrest Gump, 1994)	이재형, 이수민 공신 포함 5명
옥토버 스카이 (October Sky, 1999)	송용현, 변진우 공신 포함 4명
뷰티풀 마인드 (A Beautiful Mind, 2001)	이종민, 정수현 공신 포함 4명
페이스 메이커 (pace maker, 2012)	조소원, 김아람 공신 포함 3명
쇼생크 탈출 (The Shawshank Redemption, 1994)	이재형, 정수현 공신 포함 3명
캐스트 어웨이 (Cast Away, 2000)	이종민, 정수현 공신 포함 3명
말할 수 없는 비밀 (不能說的秘密, Secret, 2007)	김준수, 이향언 공신 포함 3명
라이언 일병 구하기 (Saving Private Ryan, 1998)	조소원 공신 추천
행복을 찾아서 (The Pursuit Of Happyness, 2006)	김준수 공신 추천
제리 맥과이어 (Jerry Maguire, 1996)	이종민 공신 추천
슈퍼스타 감사용 (Mr. Gam's Victory, Superstar Mr. Gam, 2004)	조소원 공신 추천
신데렐라맨 (Cinderella Man, 2005)	이종민 공신 추천
일급 살인 (Murder In The First, 1995)	이종민 공신 추천
벤자민 버튼의 시간은 거꾸로 간다 (The Curious Case Of Benjamin Button, 2008)	정윤수 공신 추천
애스트로넛 파머 (The Astronaut Farmer, 2007)	김명수 공신 추천
맨 프럼 어스 (The Man From Earth, 2007)	김명수 공신 추천

공부할때 자꾸 유혹에 넘어간다면?

우리들의 친구 G는 오늘도 공부하기 위해 (집에 있으면 눈치 보이니까) 아침 일찍 독서실로 향합니다.

"오늘은 정말 열심히 공부해야지!"

어제 강성태 공신의 동기 부여 강의를 보고 결의에 가득 찬 G는 세상에 두려울 것이 없는 것 같습니다. 꿈을 위해서는 10시간 넘는 공부도 당연히 할 수 있을 것 같고, 주변 친구들에게 'G가 미쳤나 보다 ….' 라는 이야기를 듣는 모습도 눈에 선합니다.

이제 아침 9시에 독서실에 도착한 G의 일과가 펼쳐집니다. 오후 6시에 저녁을 먹으러 집에 갈 때까지 G의 일과를 한번 살펴볼까요?

오전 9시: 이종민 공신이 시킨 대로 80분간 수능 기출분석 시작

오전 9시 40분: 카톡이 울림, 친구가 타이어를 보내준 것을 확인 후 차차차 5판 실행. (A는 이겨야 해!)

오전 10시 10분: 타이니 팜에 들어가 불곰을 교배해서 겨울나기 북극곰 획득하고 기뻐함.

오전 10시 50분: 카톡이 울림, 친구와 카톡으로 20분간 대화.

오전 11시 50분: 목표했던 국어 공부량 완료

오후 12시 10분: 친구와 함께 김밥헤븐에 가서 폭풍 흡입

오후 12시 40분: 오는 길에 친구가 꾀어서 PC방에 가서 악마의 게임

롤 시작.

오후 2시 10분: 다시 독서실 착석, 다른 친구가 만화책 빌려 온 것을
확인하고 빌려 와서 읽기 시작.

오후 3시 30분: 김지석 공신이 시킨 대로 수학 공부 시작.

오후 3시 45분: 점심을 많이 먹어서 그런지 잠이 쏟아지기 시작, 엎
드려 잠이 들었음.

오후 4시 30분: 정신을 차리고 수학 공부 다시 시작.

오후 4시 50분: 타이니 팜 들어가서 먹이도 주고 정도 뿌리고 다님.

오후 5시 00분: 점심을 그렇게 먹었는데 또 배고파짐. 편의점에 가서
삼각김밥 흡입.

오후 5시 50분: 어차피 공부도 안 되는데 집에 가서 강의나 듣자고
결심.

이제 집에 돌아온 G는 하루를 돌아보며 무려 12시간이나 독서실
에 있었음에도 불구하고 공부는 제대로 한 게 없음을 깨닫습니다.
그러고는 자신을 굉장히 비난하죠.

"난 쓰레기야 …. 나 같은 놈은 공부를 잘할 수가 없어!"

"아무래도 안 되겠다. 공신 동기 유발 강의 보고 다시 공부해야지!"

하지만 컴퓨터를 켜자 포털 사이트 메인 화면에 떠 있는 기사 제목
이 눈에 들어오고 자연스레 클릭합니다. 사람들의 댓글을 읽기도 하
고 직접 댓글을 달아가며 이 기사 저 기사를 보기 시작합니다. 가입
한 카페들도 확인하고 나니 이제 잘 시간이네요.

"적어도 내일부터는 완전히 달라져야지! 오늘까지만 이렇게 사는
거다!"

그리고 친구와 카톡을 하다가 새벽녘에 잠이 들고 다음 날 똑같은
일상이 반복됩니다.

자, 아마도 많은 학생이 비슷한 일을 되풀이하고 있을 거로 생각합
니다. 공부는 분명히 잘하고 싶은데, 공부를 너무나 열심히 하고 싶
은데, 나도 공부에 미쳤다는 소리를 듣고 싶은데 망할 놈의 유혹거
리 때문에 공부를 계속할 수가 없는 거죠.

그렇지만!

매번 유혹에 넘어가면서 두 손 놓고 있을 건가요? 매일 잠이 들며
'나는 안 되나 보다…. 나는 공부로 성공할 수 없나 보다….' 이러면
서 잠들 건가요? 맞습니다. 그냥 이대로 매일 당하고만 있으면 안 되
는 겁니다. 공부로 성공할 수 없게 됩니다. 그러니 이제 다음을 따라
서 유혹거리에 넘어가는 자신을 고쳐 봅시다.

1st step〉 나를 유혹하는 것이 무엇인지 파악하자.

앞의 일과표 중 다음을 주목해 봅시다.

오전 9시: 이종민 공신이 시킨 대로 80분간 수능 기출분석 시작.

오전 9시 40분: 카톡이 울림. 친구가 타이어를 보내준 것을 확인 후
차차차 5판 실행. (A는 이겨야 해!)

오전 10시 10분: 타이니 팜에 들어가 불곰을 교배해서 겨울나기 북극

곰 획득하고 기뻐함.

오전 10시 50분: 카톡이 울림, 친구와 카톡으로 20분간 대화.

오전 11시 50분: 목표했던 국어 공부량 완료.

오후 12시 10분: 친구와 함께 김밥헤븐에 가서 폭풍 흡입.

오후 12시 40분: 오는 길에 친구가 꾀어서 PC방에 가서 악마의 게임 롤 시작.

오후 2시 10분: 다시 독서실 착석, 다른 친구가 만화책 빌려 온 것을 확인하고 빌려 와서 읽기 시작.

오후 3시 30분: 김지석 공신이 시킨 대로 수학 공부 시작.

오후 3시 45분: 점심을 많이 먹어서 그런지 잠이 쏟아지기 시작, 엎드려 잠이 들었음.

오후 4시 30분: 정신을 차리고 수학 공부 다시 시작.

오후 4시 50분: 타이니 팜에 들어가서 먹이도 주고 정도 뿌리고 다님.

오후 5시 00분: 점심을 그렇게 먹었는데 또 배고파짐. 편의점에 가서 삼각김밥 흡입.

오후 5시 50분: 어차피 공부도 안 되는데 집에 가서 강의나 듣자고 결심.

자, 밑줄로 표시한 부분이 바로 여러분의 공부를 방해하는 유혹거리입니다.

정말 많기도 하죠?

이렇게 유혹거리를 상세하게 찾는 이유는 실제로 '나는 이것 때문에 공부를 못할 거야.' 라고 생각하지만, 실제로 공부 시간을 깎아 먹는 이유는 다른 것에 있을 수 있거든요. 내 생각에는 PC방에 가서 게임한 것 때문에 공부를 못했다고 느낄 수 있지만 사실 스마트폰과 친구 때문에 날려 버린 시간이 훨씬 많은 것처럼요.

이제 유혹거리를 모두 파악했다면 다음 단계로 넘어가 봅시다.

2nd step〉 유혹거리를 없애는 방법을 알아보자.

이제 앞서 파악한 유혹거리를 없앨 수 있는 구체적인 방법을 마련해 봅시다. 막연하게 "이제 하지 말아야지."라는 생각으로는 백날 반복해 봤자 절대 고쳐지지 않습니다. 구체적인 방법을 마련하고 실행해야 합니다.

1) 스마트폰의 문제 (카톡, 차차차와 타이니 팜을 비롯한 각종 게임)

어떤 해결 방법이 있을까요? 가장 간단하면서도 효과 있는 방법은 스마트폰을 비스마트폰으로 바꾸는 것입니다. 구하자면 얼마든지 구할 수 있습니다. 집에 있는 공기계에 옮겨도 되고 중고시장에서 하나 사도 됩니다. 카톡 좀 안 한다고 큰일 나지 않습니다. 급한 일이야 전화나 문자로 하면 되고요. 대학 입학 전까지 스마트폰이 필수품은 아닙니다.

하지만 2G폰을 구하자니 번거롭고 구하기도 쉽지 않다고 하시면 메신저와 게임을 모두 지우면 됩니다. "공부할 때만 보면 되잖아요", "머리 식히려고 잠깐씩만 하면 되잖아요." 이런 말 다 필요 없습니다. 유혹 요소는 줄이는 게 아니라 없애야 합니다. 차차 줄인다? 제가 장담합니다. 100% 실패로 끝날 수밖에 없습니다.

2) 친구로부터 야기되는 문제들

친구가 꾀어서 PC방도 가고 만화책도 봤죠? 더욱 큰 문제는 예시에 등장하는 친구가 바로 이 글을 읽는 여러분일 수 있다는 것입니다. 해결책은 간단합니다. 친구들이 없는 독서실 혹은 도서관에 가면 됩니다. 어차피 동네만 벗어나면 그 독서실이나 도서관에 아는 사람은 없습니다.

"왔다갔다 시간이 너무 아까워요, 공신님."이라고 할지 모르지만, 친구 때문에 하루 3~4시간씩 버리는 것보다 왔다갔다하면서 1시간 쓰는 게 훨씬 낫습니다. 그리고 과연 친구 때문에 3~4시간만 버리게 될까요? 게임이라도 하고 오면 그 게임의 잔상이 머리에 남아서 그 후의 공부도 깡그리 못 하게 됩니다.

3) PC방의 유혹

저도 대학 다닐 당시 당구의 유혹 때문에 공부에 집중하는 것이 너무 힘들었습니다. 공부하다 고개를 들어 보면 책상 위에 빨간 공과 하얀 공이 아름다운 각을 이루며 움직이는 환상이 보였죠. 그 덕분에 공부하다 당구장으로 뛰쳐나간 적이 한두 번이 아니었습니다. 아마 여러분에게 PC방도 이런 존재이겠죠.

해결책은 간단했습니다. 당구장에 갈 돈을 안 가지고 다니면 해결

됩니다. 가고 싶어도 돈이 없으면 못 가니까 아예 포기하게 되고 생각도 덜하게 됩니다. 여러분도 '갈 수 있는데 안 가는 상황'을 만들려 하니까 힘든 겁니다. '아예 갈 수 없는 상황'임을 받아들이면 유혹의 강도는 낮아지게 됩니다.

3rd step〉 공부에 집중하게 만드는 기재를 가까운 곳에 마련하라

너무나 잘 압니다. 공부하다 보면 다른 것이 하고 싶어지고 세상 모든 것이 재미있게 느껴지죠. 저도 시험 기간만 되면 '6시 내 고향'이란 프로그램이 너무나 재미있었습니다. 심지어 국악 프로그램까지 볼 정도였고요. 이런 유혹 요소들에 대한 욕구가 들 때마다 '내가 공부에 집중해야 하는 이유'를 되새겨 줄 기재들이 아주 가까운 곳에 있어야 합니다.

제 경우엔 목표로 하는 대학의 사진을 컴퓨터 배경 화면으로 설정해 두었습니다. 컴퓨터를 켤 때마다 목표 대학에 대한 욕구가 되살아나면서 인터넷 강의 외의 다른 짓을 하는 것을 막을 수 있었습니다. 인터넷 강의를 들을 때는 아예 어머니께 뒤에 있어 달라고 부탁도 했고요. 제 친구는 기숙학원 다닐 때 책상에 가족사진을 붙여 놓았다고 했습니다.

휴대폰으로 자꾸 딴짓한다면 휴대폰 배경 화면을 목표 대학으로 해보세요. 메인 문구에 목표 대학과 과를 써 놓는 것도 좋습니다. 책상에는 공신연구소 미팅에서 받아 온 꿈 서약서를 붙여 놓으시고요. 지난 성적표를 가지고 다녀도 좋고, 재수생의 경우 불합격 통지서를 가지고 다녀도 좋습니다.

명심해야 할 것은 항상, 마음먹으면 2초 안에 볼 수 있는 곳에 마련해 두어야 한다는 것입니다.

유혹거리 때문에 공부에 집중하지 못하고 매번 공부를 그르치는 여러분을 보면 참으로 안타깝습니다. 그런 하루를 보내고 자신에게 비난을 퍼붓고 자책을 넘어선 자학하는 모습을 보면 마음이 더 아프고요.

하지만 여러분, 유혹에 시달리는 것은 모든 인간이 똑같습니다. 고려대 도서관에 가 봐도 전국 1%에 해당하는 공부 특기자들이 스마트폰만 만지고 있고, 노트북으로 야구 중계를 보며 공부에 집중하지 못하는 모습을 쉽게 볼 수 있습니다.

하지만 그들이 보통사람들과 다른 점이 있다면 유혹거리를 차단해야겠다고 마음먹으면 실행한다는 것입니다. 공부할 때는 스마트폰을 에어플레인 모드로 바꿔서 가방에 넣어 두고, 노트북을 장롱 안에 넣은 채로 학교 도서관에 향합니다. 친구들을 피하려고 걸어서 30분 거리에 있는 먼 단과대 도서관으로 향하기도 하고 교류협력을 맺은 다른 대학 도서관에 가기도 합니다.

절대로 여러분이 못나서, 남들보다 못해서, 의지가 부족해서, 꿈이 없어서 그런 것이 아닙니다. 다만 유혹거리를 조절하는 법을 배운 적이 없어서 번번이 만족스럽지 못한 하루를 보내는 것입니다.

그러니 오늘, 지금 당장 제가 알려드린 방법을 실천하시기 바랍니다. 처음에는 힘들겠지만, 2~3주 하다 보면 어느새 익숙해질 겁니다. 그리고 공부에 재미가 붙기 시작할 겁니다.

우리, 다시 한 번 시작해 봅시다.

3. 내신 10회독 전술
단숨에 전교 최상위권으로 치고 올라간다

공신닷컴의 콘텐츠 팀장이자 공신학습전략연구소의 소장으로 재직할 당시 내가 맡은 역할은 500여 명 공신의 모든 공부법을 연구해서 최고의 공부법을 만들어 내는 것이었다. 연구를 위해서 공신들이 찍은 동영상 강의를 문서화하는 작업을 거쳤고, (엄청난 중노동이었다.) 주요 칼럼들을 인쇄하여 시험공부를 하듯이 파고 또 팠다. 영역별, 분야별로 전문성을 갖춘 공신들을 만나 인터뷰를 진행했고, 공부법에 대한 밤샘 토론을 거치기도 했다. 사람들이 다양한 만큼 그들의 공부법 또한 매우 다채로웠다. 그렇다 보니 특정 공신은 A라는 공부법을 주장하지만, 다른 공신은 그와는 반대되는 주장하는 경우를 볼 수 있었다. 또 어느 공신이 "수학은 이렇게 공부해야 한다."라고 이야기하는데 다른 공신은 "그렇게 공부해서는 절대 안 된다."라고 하는 경우도 많다. 그런데 제각기 다른 생각을 하는 수백 명의 공신이 모두 '가장 중요하다.' 라고 동의하는 것이 있다. 바로 복습이다.

에빙하우스(H. Ebbinghaus)의 망각 곡선에 야유가 쏟아진 이유

복습에 관한 이야기를 할 때 빠지지 않는 사람이 있다. 그는 바로 에빙하우스라는 사람이다. 언뜻 보면 무슨 아파트나 빌라 비슷한 이름을 가진 그가 무슨 이야기를 했길래 복습 이야기가 나올 때마다 등장하는 것일까? 그의 이름은 '헤르만 에빙하우스'로 인간의 기억에 대해 연구했던 독일의 심리학자이다. 그를 이야기하면 가장 많이 떠올리는 것이 바로 '에빙하우스의 망각 곡선'이다. 간단히 설명하자면 '망각률(%) = (처음 학습에 소요된 시간 – 복습에 소요된 시간) ÷ 처음 학습에 소요된 시간 × 100'으로 정의하고 시간에 따른 망각률을 그래프로 만들어 놓은 것이다. 사실 공부법에 관심이 있어서 관련 TV 프로그램이나 책을 읽어 본 사람이 있다면 한 번 이상은 들어 봤으리라 생각한다.

시험이란 결국 '시험장에서 누가 더 많은 학과 내용을 기억하고 있는가'의 싸움이라 볼 수 있다. 알면 맞추는 것이고, 모르면 틀리는 것이다. 기억해 내면 맞추는 것이며, 기억해 내지 못하면 틀린다. 당연히 공부한 내용을 적게 잊어버리는 것이 중요해진다. 인간의 기억에 대해 연구했던 에빙하우스의 연구 결과에 관심이 가는 것은 당연하다. 그렇다 보니 공부에 대해 언급할 때면 항상 이 에빙하우스 망각 곡선을 근거로 반복 학습을 해야 함을 주장하는 경우가 많다. 앞서 이야기했던 대로 공부법 책이나 TV 프로그램은 물론이고 공부법 강연을 하는 사람 중에서도 이 곡선 이야기를 하지 않는 사람들을 찾는 것이 오히려 힘들 정도가 되었다.

책의 서두에서 이야기했지만, 나는 공부법 강연이나 칼럼, 강의 등에서 교육학 이론이나 과학적 근거에 관해 이야기하는 것을 그다지 좋아하지 않는다. 그것은 콘텐츠 기획자가 알고 있어야 할 내용이지 공부하는 사람이 알고 있어야 할 필요는 없기 때문이다. 갈비찜을 할 때, 키위를 갈아 넣고 고기를 재우면 고기가 더 연해진다는 것을 알고 활용만 하면 되지, 키위가 고기와 어떤 화학작용을 일으키는지 알 필요는 없지 않은가? 더군다나 공부법 이론에 적용되는 교육학, 심리학적 연구 이론을 실제 공부에 적용하는 것은 그다지 간단치가 않다. 학습자가 어떻게 반응하는지는 다음의 이야기를 통해 알 수 있다.

예전에 서울 시내 모 고등학교에 학습법 강연을 갔을 때의 일이다. 내신 공부법에 대한 강연을 부탁받았기에, 복습의 중요성을 알려주기 위해 에빙하우스의 망각 곡선 그림을 프로젝터에 띄우자마자 야유가 터져 나왔다. 나는 그 야유의 이유에 대해 직감할 수 있었다. 내가 다음으로 한 이야기는 아이들의 격한 공감을 이끌어냈다.

"그래, 이 곡선 하도 많이 봐서 별 감흥이 없지? 짜증 날 거야. 누가 복습 중요한 거 몰라? 여러 번 반복하면 점수 잘 나온다는 거 몰라? 한 번 보기도 벅찬 그 많은 시험 범위를 어떻게 여러 번 봐야 하는지를 알아야 하는 건데, 다들 와서 이 에빙하우스라는 사람의 이론이 대단하니 복습을 자주 여러 번 하라는 이야기만 하니까 짜증 나잖아."

그렇다, 우리에게 어떻게 하면 되는지에 대한 이론은 필요 없다.

그저 어떻게 하면 되는지가 필요한 것이다.

내신공부, 몇 번을 볼 것인가?

완벽한 내신 점수를 위해서 전 범위를 몇 번 볼 것인가에 대해서 정의하는 것은 불가능하다. 많이 보면 많이 볼수록 점수가 잘 나올 가능성은 높아진다. 한 1,000번 보면 만점이 나올 수도 있을 것이다. 하지만 우리에게는 제한된 시간이 있기 때문에 반복 학습에도 한계가 있다. 따라서 현실적인 공부 스케줄 안에서 최대한 밀도 있고 효율성 있게 공부했을 때, 몇 번을 볼 수 있는가를 따져보고 목표를 세우는 것이 좋다.

보통 공부법을 주제로 설명할 때는, '누가 이렇게 공부했더니 성공했더라.' 라는 이야기를 듣고, 그 안에서 일반화할 수 있는 요소를 끌어내는 방식을 많이 쓴다. 하지만 필자가 내신 공부법 프로그램을 만들 때는, 하위권까지 두루 쓸 수 있는 공부법을 찾아내기가 쉽지 않았다. 그래서 내신 공부 프로그램은 기존의 방법과는 반대로 접근해 보고자 했다. 학생의 일과와 시험 기간의 공부를 고려해서 최대한 효율성 있게끔 반복할 수 있게 프로그램을 만들어 봤다. 프로그램을 짜보니 공교롭게도 공부 횟수가 10회가 되었다. 고시 3관왕 고승덕 변호사도 "어느 고시나 책을 열 번만 읽고 이해하면 합격할 수 있다."라고 했으니 효과가 좋으리라 믿었다. 내신에서 좋은 점수 얻는 것이 고시보다는 쉬울 것이기 때문이다.

이 프로그램을 개발하고 처음으로 적용했던 학생들은 동대문구의 한 고등학교에 다니던 남학생 세 명이었다. 셋은 각각 반에서 중간 정도의 성적을 받고 있었다. 계속 같은 동네에서 살며 초등학교, 중학교, 고등학교까지 같은 학교에 다닌 친구들이었는데 한 번도 반에서 20등 안에 들어본 일이 없다고 했다. 새로 만들어낸 내신 10회독 프로그램을 적용하기에 더없이 좋은 대상이었다. 처음에는 숙제도 제대로 안 해 오던 아이들이었지만, 몇 번 쓴 맛(?)을 보여줬더니 이내 잘해 오게 되었다. 서로 경쟁심리도 부추기고, 때로는 달래기도 하면서 수업을 진행했더니 나중에는 프로그램을 곧잘 소화해냈다. 그리고 대망의 기말고사가 찾아왔다.

결과는 놀라웠다. 전보다 열심히 했기에 성적이 오를 거라 예상은 했지만, 그 상승 폭은 정말 놀라웠다. 단번에 반에서 5등 안팎으로 모두 치고 올라갔던 것이었다. 결과가 나오고 넷이 모여 어안이 벙벙한 상태로 "야 …. 이게 뭐지?" 이 말과 "와, 선생님 이거 쩌네요." 라는 말을 계속했던 것이 생각난다. 그날 어머님께서 피자와 치킨을 어찌나 많이 시켜주셨는지 장정 넷이 배 터지도록 먹고도 반 이상 남았던 것이 기억난다. 그리고 그때 확신하게 되었다. 아, 열 번 보면 되는구나.

열 번이라는 지독한 횟수가 필요한 이유

열 번, 말이 열 번이지 막상 공부를 해보면 정말 어마어마한 숫자라는 것을 체감하게 될 것이다. 그 어마어마함의 이유 첫째는 엄청 난 효과 때문이고, 둘째는 10번이라는 숫자를 반복하는 것이 엄청나 게 힘든 과정이기 때문이다. 한 번 보기도 벅차서 제대로 공부하고 들어가 본 적도 없는데 어떻게 10번을 본단 말이지…. 한숨부터 나 오는 것이 당연하다. 물론 지금 여러분이 상상하는 것보다 훨씬 쉽 게 10번을 볼 수 있는 전략을 상세히 설명해 주겠지만, 그 전에 굳이 왜 10번이라는 숫자가 필요한지, 이런 무지막지한 공부량이 필요한 이유에 대해 생각해보자.

우리는 어떤 이유로 공부하는가? 여러 가지 이유가 있을 것이다. 하지만 바로 눈앞에 있는 목적에 대해서만 생각해보자. 목적은 간단 명료하다. 바로 성적을 올리기 위함이다. 물론 우리 독자 여러분은 성적을 넘어선 더 깊은 이유를 가지고 있겠지만 (단순히 성적만이 목적이라 해도 나쁠 것은 하나도 없다.) 일단 눈앞에 바로 보이는 것 은 성적이다.

그런데 만일 공부했음에도 불구하고 성적이 오르지 않았다면, 분 명 지난번보다 더 많은 공부를 했는데도 성적이 오르지 않는다면 우 리는 어떤 기분을 느끼게 될까? 세상에는 암묵적인 믿음이 있다. 배 고플 때 무언가를 먹는 것은 그것이 우리의 허기를 없애줄 것이라는 믿음이 있기 때문이다. 좋아하는 이성에게 연락하고, 만남의 기회를 만드는 것은 그것들이 사이를 가깝게 만들어 줄 것이라는 믿음이 있 기 때문이다. 시험을 앞두고 공부하는 것도 마찬가지다. 공부하는 것이 성적을 올려줄 것이라는 믿음이 당연히 있을 수밖에 없다. 하지만 그 공부가 내 성적을 올려주지 못했다면 당황스러울 수밖에 없다. 마치 매우 공들였던 짝사랑하는 이성이 내가 아닌 다른 사람과 연애하는 것을 알게 되는 당혹스러움과 마찬가지로.

그러나 슬프게도 이런 경우는 심심치 않게 일어난다. 여러분도 시험 기간 때 이런 이야기를 하는 친구들을 쉽게 찾을 수 있을 것이다. "아, 지난번보다 열심히 했는데 점수는 더 떨어졌어." 어쩌면 여러분 자신이 부모님께 강력히 주장하고 있을지도 모르겠다. "지난번보다 분명 더 공부했는데 성적이 떨어진 걸 어떡해요."

결론부터 이야기하자면 성적은 공부량과 비례하여 오르지 않는다. "형! 그러면 공부를 열심히 해도 점수는 오르지 않는다는 건가요?" 제발 이렇게 극단적으로 해석해서 받아들이지 말자. 누가 오르지 않는다고 했는가? '비례하여' 오르지 않는다는 것이다. 일단 아래 그래프를 보자.

[일반적인 공부량과 성적의 관계에 대한 생각]

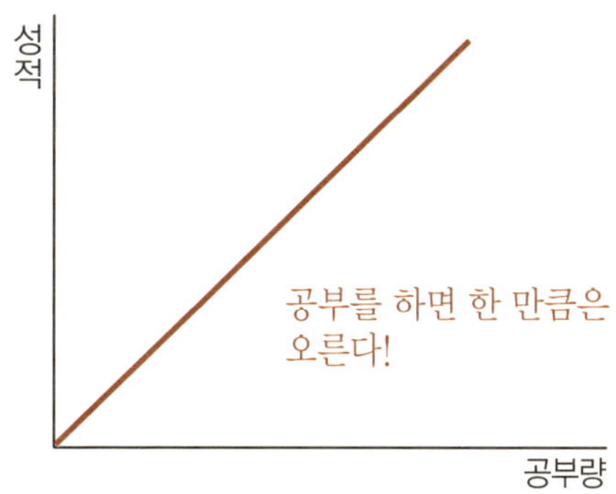

대부분 위의 그래프와 같이 생각한다. 공부를 3만큼 하면 3만큼의 성적이, 10만큼 하면 10만큼의 성적이 나온다고 말이다. 하지만 실제로 공부해 본 결과, 또 학생들의 공부에 따른 성적 변화를 연구해 본 결과 이는 완벽하게 틀렸다는 것을 알아내게 되었다. 성적은 절대로 공부량에 비례하여 오르지 않았다. 성적과 공부량의 관계는 다음과 같았다.

성적은 앞의 그래프와 같이 어느 정도 정체기를 거친 후에야 급등하는 양상을 보였다. (이에 대해 자세히 이해하기 위해서는 4장의 '셀프티칭' 장을 참고해 주시기 바란다. 공부가 성적으로 연결되지 않는 두 번째 이유가 설명되어 있으니 그 부분을 읽고 나면 이해가 될 것이다.) 정말로 공부했음에도 불구하고 성적이 오르지 않는 구간이 존재했다. 이를테면 이런 이야기이다. 순수한 물이 몇 도씨에 끓는지 아는가? 맞다. 100도씨에 물은 활발히 끓는다. (실제 수돗물은 다르다. 순수한 증류수를 기준으로 이야기하는 것이다.) 그렇다면 순수한 물이 '끓기 시작' 하는 것은 몇 도씨 정도일까? 70도씨? 90도씨? 모두 틀렸다. 순수한 물은 정확히 100도씨가 되지 않으면 끓지 않는다. 즉, 물을 끓이는 것이 목표라면 99도씨까지 가열하는 것은 의미가 없다는 것이다. 마찬가지로 성적을 올리기 위한 공부라면, 성적이 치고 올라가기 시작하는 성적 상승의 임계점을 뚫기 위한 공부량이 쌓이지 않는다면 그전의 공부는 의미가 없다는 것이다.

그렇다면 성적을 올리기 위해서는 이 임계점을 뚫는 것이 무엇보다 중요한 일이 된다. 그리고 뚫기 위해서는 그 임계점을 파악해야 할 것이다. 하지만 그 임계점을 어떻게 파악할 것인가? 좀 허무한 이야기일지 모르지만, 성적 상승의 임계점은 정확히 파악할 수 없다. 개인별로 다른 것도 문제이지만, 그 각자의 개인도 과목별로 다른 임계점을 가지고 있기 때문이다. 그러니 조금은 무식한 방법으로 임계점을 뚫는 수밖에는 없다. 그냥 한계치까지 공부하는 것이다. 장담하건대 열 번 보면 그 임계치는 다 뚫어낼 수밖에 없다. 물론, 열 번을 보고 임계점을 다 뚫는 것이 쉬운 것은 아니다. 말이 열 번이지 그 많은 공부를 어떻게 다 해낸단 말인가? 그렇지만 이제 소개할 전략을 그대로 따른다면 여러분도 충분히 해낼 수 있음을 알게 될 것이다.

어떻게 10번을 볼 것인가?

자, 이제 프로그램을 소개할 차례이다. 앞서도 이야기했지만, 10번을 보면 된다는 사실이 중요한 것이 아니다. 10번 보면 내신 잘본다는 것은 누가 안 가르쳐줘도 안다. 문제는 10번을 어떻게 볼 것이냐이다. 10번이라는 숫자는 절대 만만히 볼 수 있는 숫자가 아니다. 더군다나 공부해야 하는 시험 범위도 절대 적지 않다. 그러나 걱정하지 마라. 앞으로 제시하는 일정대로만 실행하면 된다. 자신도 의식하지 못하는 사이에 대단히 많은 반복 학습을 하는 자신을 발견하게 될 것이다.

준비물은 다음과 같다.

● 준비물 ●

- 빈 연습장
- 흐린 심을 넣은 샤프 혹은 흐린 연필
- 잘 번지지 않는 볼펜
- 잘 지워지는 지우개
- 빈 A4 용지
- A4 용지를 모을 수 있는 파일 홀더 (과목 수만큼)

① 한 번의 정독으로 충분하다. 예습 (1회독)

'복습이 예습보다 중요하다.' 라는 말이 있다. 나도 이 말에는 동의한다. 하지만 이런 'A는 B보다 중요하다,' 라는 말을 받아들일 때 꼭 생각해야 하는 부분이 있다. 저 이야기가 바르다고 하더라도 말 그대로 A가 B보다 중요하다는 것이지, B가 중요하지 않다는 것은 아니다. 예습 또한 공부에 있어 충분히 의미가 있다. 하지만 또 너무 의미를 부여해서 선행 학습에 가까운 시간 투자는 하지 말자. 예습은 약이지만, 선행 학습은 독인 경우가 훨씬 많다.

예습은 다음 배울 부분의 학습 목표와 본문 내용을 정독하며 '이게 무슨 소리지?' 싶은 부분을 기억하는 정도면 충분하다. 무턱대고 선생님의 설명을 듣는 것과 한 번이라도 읽어보고 의문을 가진 부분에 대해 해답을 얻는 것은 차원이 다르다. 길게 설명할 것도 없이 한 번만 해보면 바로 안다.

② 선생님의 모든 말씀을 받아 적는다. (2회독)

여기가 가장 어려운 부분이다. 빈 연습장을 꺼내놓고 샤프나 연필로 선생님의 입에서 나오는 말을 모조리 받아 적는다. 농담이고 뭐고 따지지 말고 모두 받아 적자. 당연히 글씨는 날아가는 지경이 될 것이다. 점점 나아질 테니 너무 신경 쓰지는 말자.

일단 받아 적기는 했지만, 나중에 다시 보려면 도저히 알아볼 수 없을 것이다. 그러니 깨끗하게 정리해야 한다. 이 과정은 수업 끝난 쉬는 시간에 바로 진행한다. 안 그러면 정말 못 알아본다. 최대한 시간을 아끼기 위해, 그리고 기억을 살리기 위해서 휘갈겨 쓴 연습장의 글씨 위에 받아 적은 내용을 볼펜으로 다시 한 번 또박또박 적는다. 그리고 지우개로 지우면 선생님의 모든 말씀이 기록된 필기 노트가 완성된다.

간혹 "그러면 선생님이 칠판에 필기하는 내용은 어떻게 하나요? 바로 과목 노트에 적나요?" 이런 질문을 하는 학생들이 있다. 좋은 질문이다. 답은 그것도 연습장에 빠르게 적어야 한다. 간혹 학생들이 필기하기를 기다리지 않고 바로 설명에 들어가는 선생님들이 계신다. 그리고 필기를 하며 설명을 병행하시는 선생님들도 계신다. 또박또박 정성스레 적으면서 이걸 다 따라가기는 불가능하다. 선생님께서 "너는 왜 노트에 제대로 필기 안 하니?" 이렇게 물어보시면 "글씨가 느려서 제대로 적다 보면 선생님 설명을 놓쳐서 나중에 따로 깔끔하게 복습하면서 정리하려 합니다." 이렇게 이야기하면 이해 안 해주실 선생님은 없다.

③ 노트에 제대로 옮겨 적는다. (3회독)

과목별로 노트가 한 권씩 있을 것이다. 필기해 주시는 내용을 옮겨 적게끔 하시는 선생님도 계시고, 나눠주시는 유인물을 붙여서 활용하게끔 수업을 진행하시는 선생님도 계실 것이다. 이제 이 노트에 연습장에 적었던 것을 과목별 노트에 옮겨 적을 차례다. 이 과정에서부터 ②번 과정을 진행한 위력이 발휘된다. 이제 학교가 끝나고 집에 돌아와서, 혹은 야간 자율학습이 시작되면 바로 시작하자.

아무리 노트 정리를 잘한다는 아이들도 선생님이 적어주시는 내용에 참고서 내용을 옮겨 적는 수준에 지나지 않는다. 선생님이 학과 내용 관련하여 해주신 말씀이 모두 적힌 노트를 만드는 학생들은 거의 없다. 나중에 시험을 보고 6장의 '소 잃고 외양간 고치기' 전략을 실행해보면 알겠지만, 선생님의 언급 부분을 통해 시험 문제에 대한 힌트가 엄청나게 제공된다.

또 하나의 장점은 바로 수행평가에 있다. 선생님 중에 노트 필기를 수행평가 점수에 반영하시는 선생님이 계신다. 그런 선생님께서 노트를 검사하실 때, 선생님께서 수업 시간에 이야기했던 내용이 빠짐없이 적힌 노트를 보신다면 과연 만점을 주지 않으실 수 있겠는가? 그 정도로 수업을 열심히 듣는 학생이라면 당연히 선생님의 주목을 받을 수밖에 없다. 그리고 선생님의 관심을 받는 학생이 되면 시험 준비, 수행평가, 시험공부에 있어 얼마나 많은 이점을 얻을 수 있는지는 나보다 학생인 여러분이 더 잘 알 것이다.

④ 빈 종이를 이용하여 학습 정도를 체크해 보자. (4회독)

이제 여러분이 수업을 얼마나 열심히 들었으며, 노트 필기를 통해 얼마나 많은 공부가 되었는지를 체크해 보자. ④번 과정은 ③번 과정이 끝나고 바로 시작하면 된다.

아까 준비했던 빈 종이를 꺼내도록 하자. 맨 위에는 과목 이름과 날짜를 쓴다. 그리고 빈 종이에 오늘 배운 내용에 관해 적어보자. 먼저 대단원 제목, 소단원 제목을 적고 아래에 배운 내용을 적으면 된다. 처음 하려 하면 막막할 것이다. 도대체 백지에 오늘 배운 내용을 어떻게 적으라는 거지? 보나 마나 하나도 못 적을 텐데. 하지만 실행해 보면 정말 매우 놀라게 될 것이다. 거침없이 적어 내려가는 자신을 보며 말이다.

어떻게 이런 것이 가능할까? 바로 ①~③단계를 거치면서 오늘 하루 동안 같은 내용을 이미 세 번 공부했기 때문이다. 더군다나 굉장히 짧은 간격으로 말이다. 당연히 머릿속에 많은 내용이 남아 있을 수밖에 없다. 설령 처음 시도했을 때 많이 적지 못했다 하더라도 걱정할 필요는 없다. 곧 익숙해져서 거의 모든 내용을 적고 있는 자신을 발견하게 될 것이다.

이제 A4용지에 복습을 진행했다면 이번엔 오늘 공부한 내용을 펴고 빠진 부분을 채워 넣자. 용어가 제대로 생각나지 않았을 수도 있고, 연도를 제대로 못 외웠을 수도 있다. 이 부분들을 채워 넣으면 당일 공부 내용이 모두 적힌 A4용지가 만들어진다. 이 A4 용지는 다시 요긴하게 쓰일 테니 준비한 파일 홀더에 과목별로 고이 간직하자.

⑤ 주말을 이용한 한 주의 복습 (5회독)

1주일간 공부하느라 고생이 아주 많았다. 주말이 되었으니 좀 쉬고 싶을 것이다. 그럴 만도 하다. 이 프로그램은 체력 소모가 아주 크다. 하지만 그냥 쉬면 그 많은 고생이 수포로 돌아갈 수도 있으니 아직은 방심하지 말자. 이제 일주일간 공부한 내용을 모두 복습해야 한다. 누적된 공부를 모두 하려니 얼마나 많은 시간이 걸릴지 걱정되겠지만, 그건 쓸데없는 걱정에 불과하다. 1주일간 공부했던 내용을 모두 복습하는 것이 얼마나 빨리 끝나는지 해보면 매우 놀랄 것이다. 여러분은 빠르게 1주일간의 공부를 복습하고 당당히 놀러 나가거나 집에서 TV를 보면서 쉬면 된다. 집에서 공부 안 한다고 잔소리를 하시면 1주일간 공부한 내용을 보여드리면 된다. 테스트해 보시라고 당당히 이야기해도 좋다. 이 프로그램의 공부 효과는 그만큼 엄청나다.

1주일간의 공부를 모두 복습하고도 놀 시간이 남아돌게 하는 것이 가능한 이유는 두 가지 덕분이다. 하나는 매일 정리했던 A4 용지 덕분이고, 다른 하나는 빠르게 반복했던 복습 때문이다. 일주일간 공부했던 책과 노트를 다 뒤질 필요도 없이 모아둔 A4 용지만 꺼내서 복습하면 된다. 어차피 그 종이에 하루의 공부 내용이 모두 적혀 있기 때문이다. 그리고 빠른 복습을 통해 전 범위를 공부하는 데 걸리는 시간을 많이 줄여 놓은 효과도 톡톡히 보게 될 것이다. 처음 볼 때는 1시간 걸리던 것도 다섯 번째 보면 10분 만에 충분히 다 볼 수 있다. 이것을 연구한 결과물이 바로 에빙하우스의 망각 곡선이다. 단순히 자주 보면 안 잊어버린다는 것을 연구한 것이 아니라, 짧은 주기로 여러 번 복습하면 재학습에 걸리는 시간이 줄어든다는 것을 연구한 것이다. 잘못 이해하고 설명하는 사람들이 많긴 하지만 말이다.

공부에 있어서는 여러 번 공부해서 머릿속에 넣는 것도 중요하지만, 꼼꼼하게 자신이 아는 것과 모르는 것을 구분하고 이에 맞추어 공부하는 것 역시 중요하다. 이 과정이 없이는 최상위권으로 올라가는 것이 힘들다. 여기서 쓰이는 전술이 바로 셀프티칭 전술이다. 이곳에 자세한 방법을 적으려면 너무 많은 지면이 소비되니 적지 않도록 하겠다. '뭐야, 중요하다면서 왜 안 알려줘?' 라고 반발할지 모르지만, 조금 참아주길 바란다. 셀프티칭은 매우 중요한 내용이기 때문에 바로 다음 장인 4장에서 따로 상세히 설명하겠다.

셀프티칭으로 복습을 진행하면 내가 어느 부분을 제대로 이해했고, 어느 부분이 약한지가 여실히 드러난다. 즉, 우리가 다시 한 번 집중적으로 복습을 해서 채워 넣어야 할 부분이 드러나는 것이다. 공부를 본격적으로 해보면 알겠지만, 약점을 제대로 찾아낼 수 있다는 것은 매우 귀중한 과정이다. 약점을 찾아야 보강할 수 있고, 약점을 보강하는 것이 곧 점수로 연결되기 때문이다. 이 셀프티칭과 피드백 과정을 거치면 5회독이 완성된다.

⑥ 관련 문제집을 풀어보자. (6회독)

이제 공부를 충분히 했다면 문제집을 통해 제대로 공부했는지 점검해 보자. 문제집은 교과서 출판사와 같은 출판사에서 펴낸 문제집을 보는 것이 가장 좋다. 선생님께 찾아가서 문제집 추천을 부탁하는 것도 좋다. 수업 시간에 그렇게나 열심히 듣는 학생에게 좋은 문제집을 권해 주지 않는 선생님은 없다. '아무거나 풀어, 인마.' 이렇게 말씀하시는 선생님이 계신다면 곁눈질로 선생님 책상에 어떤 문제집이 꽂혀 있는지를 보고, 제일 좋은 위치(선생님의 손이 가기 좋은 위치)에 있는 문제집을 택하면 된다. 간혹 문제들이 수록된 프린트를 나눠주시는 선생님들이 계시는데, 그 경우에는 그 문제를 풀어도 무방하다.

예전과는 비교가 되지 않을 정도로 문제가 술술 풀리는 것을 보고 스스로 놀라게 될 것이다. 이미 다섯 번이나 본 내용에 대한 문제이다. 안 풀리는 것이 이상하다. 하지만 그럼에도 불구하고 틀리는 문제가 나올 수 있다. 바로 답지를 보고 답을 찾으면 문제집을 100% 활용하지 못하는 것이다. 문제집을 제대로 활용할 수 있는 전략이 있다. 하지만 이 역시 지금 서술하면 10회독 설명 중간에 먼 길을 돌아가야 하니 쓰지 않겠다. 물론 이번에도 문제집 활용법은 5장에서 소개할 것이다. 특히 중요한 국어, 수학, 영어 문제집 활용법은 각각 7, 8, 9장에서 다룰 것이니 이 단계의 공부를 시작하기 전에 꼭 읽어 보자.

정말 놀랍지 않은가? 여러분은 1주일 만에 벌써 6회독을 해버렸다. 그것도 단순히 노트 필기하고, 문제집을 푸는 아이들과 달리 하나하나에 전략을 담아서 실행했다. 벌써 다른 아이들과 실력 차가 벌어지기 시작하는 게 느껴지는가? 이제 여기에 더 힘을 실어 보자.

⑦ 시험 기간 3주 전, 공부를 시작하자. (7회독)

시험 기간 3주 전부터 본격적으로 내신 대비를 시작하자. 여러분에게는 잘 정리된 노트와 A4 용지 묶음, 과목별 문제집과 셀프티칭으로 다져진 실력이 있다. 두려울 것이 없다. 전보다 공부가 훨씬 재미있고 수월해진 것을 체감할 수 있을 것이다. 이를 바탕으로 이번

내신 시험 범위의 공부를 시작하면 된다. 공부 방법은 과거와 같다. 처음부터 교과서와 노트를 정독하며 문제집을 다시 한 번 복습하고, 암기사항을 제대로 외우면 된다.

아마도 시험 3주 전~10일 전까지의 약 열흘 정도가 가장 힘든 시간이 될 것이다. 시험 범위 전 범위의 복습을 시작함과 동시에 학교 수행평가도 준비해야 하고, 진도 나가는 부분에 대해서는 ①~⑥단계를 진행해야 하기 때문이다. 하지만 이 열흘이 가장 힘든 시기이다. 이 단계만 버텨내면 조금은 수월해지니 참아보자. 지금까지의 노력을 수포로 만들 것인가, 아니면 더욱 크게 피워낼 것인가? 선택은 여러분의 몫이다.

⑧ 시험 기간 최종 전략을 세우기 위해 자기 점검을 하자. (8회독)

시험 기간 시작 10일 전 즈음이 되면 전 과목의 진도가 거의 다 나간 상태가 될 것이다. 이제 여러분이 해야 할 것은 최종 정리를 앞두고 여러분의 공부 상태를 점검하는 것이다. 오랜 기간에 걸친 공부였기 때문에 분명 강한 부분과 약한 부분이 있을 것이다. 이것을 다시 제대로 점검해야 집중해야 할 부분과 집중 암기에 투자해야 할 부분을 알아낼 수 있다. 그리고 우리에게는 이런 자기 점검을 위한 엄청난 도구가 있다. 맞다. 바로 셀프티칭이다.

이번 셀프티칭은 여러분에게 기쁨을 줄 수도 아픔을 줄 수도 있다. 전 범위에 대한 셀프티칭이 순조롭게 진행된다면 여러분은 이해와 암기를 완벽하게 해낸 것이다. 대놓고 기뻐해도 좋다. 하지만 구멍이 발견되기 시작한다면 약간은 좌절할 수도 있다. 하지만 너무 풀이 죽지는 말자. 완벽하지 못한 것이 걱정할 문제는 아니다. 우리는 이미 아주 많은 공부를 했기 때문에 그 약점을 메우는 것도 금방 해낼 수 있다.

전 과목 셀프티칭과 이에 대한 피드백을 6일에 걸쳐 진행한다. 시험 기간 10일 전부터 4일 전까지 진행하면 된다. 셀프티칭이 순조로웠던 학생들은 오히려 ⑦단계를 하는 것보다 훨씬 여유롭게 이 기간을 보낼 수도 있다. 이것으로 8회독을 마쳤다.

⑨ 시험 직전 마지막으로 집중해야 할 구멍을 찾는다. (9회독)

자, 이제 시험이 3일 앞으로 다가왔다. 예전 같으면 얼마 남지 않은 시간 때문에 발만 동동 구르고 있다가 반쯤 포기하고 '그래, 다음 시험부터 잘하자.' 라는 생각을 했겠지만, 이번엔 다를 것이다. 시험이 기다려질 수도 있다. 하지만 방심은 금물이다. 마지막까지 긴장의 고삐를 늦춰서는 안 된다.

시험을 3일 앞두었다면 이제 이틀간 시험 전 범위에 대한 공부를 진행해야 한다. 시험 하루 전에는 다음 날 봐야 할 과목을 공부해야 하기 때문이다. 시험 일정표를 보고 시험 보는 과목들을 순서대로 나열해보자. 그리고 반으로 나누어 이틀 동안 복습하자.

'전 과목을 이틀 동안 점검하는 것이 정말 가능할까요?' 라고 생각하겠지만, 이번에도 답은 같다. 얼마든지 가능하다. 그 이유는 바로 여러분이 8회독을 거치며 매우 꼼꼼하게 공부했기 때문이다. 이제 마지막 셀프티칭을 할 차례다. 시험 범위의 내용을 자신에게 가르치면서 막히는 부분만 체크하기 바란다. 이제 방금 체크한 부분만 제대로 잡으면 시험은 우리 손아귀에 있게 된다.

⑩ 시험 전날, 곤란함이 찾아온다. (10회독)

이제 여러분은 시험을 하루 앞두고 있다. 그리고 아홉 번의 공부에도 불구하고 약점으로 남은 부분까지도 모두 체크했다. 이제 이 부분만 공부하면 되는 것이다. 이제 시험 전날 공부를 시작해보자. 그런데 이쯤 되면 여러분은 상당한 곤란함을 느끼게 될 것이다.

"아니, 형! 시험 잘 보게 해준다고 해서 그 힘든 과정을 다 따라 했는데 시험 전날 곤란해진다고요? 그게 무슨 소리예요?"

워워, 진정하자. 그 곤란함은 여러분이 생전 느껴보지 못한 곤란함이다. 그것은 바로 시험 전날인데 딱히 공부할 것이 없는 곤란함이다.

여러분은 심지어 고시도 합격할 수 있다는 10회독을 해낸 것이다. 이제 정말로 시험이 기대될 것이다. 그리고 시험 당일에 책에서나 보던 일을 경험하게 될 것이다. 그리고 '와, 이게 실제로도 있는 일이구나.' 라는 생각을 떠올리며 슬며시 웃게 될 것이다.

시험 당일, 시험지에서 정답이 손을 들고 있을 것이다.

공부법은 여럿이 공유할수록 좋다.

나는 항상 공부법을 알려주며 한마디를 덧붙인다. "너 혼자만 하지 말고 친구들에게 다 알려줘라." 그러면 아이들은 걱정스러운 말투로 이야기한다. "저만 알고 있어야 좋은 거 아니에요?"

물론 단편적으로 생각하면 공부법은 혼자만 알고 있는 것이 좋을 것 같다. 특히나 내신 10회독 방법 같은 경우에는 전교생이 모두 경쟁자가 된다. 그렇기에 이렇게 강한 무기는 나 혼자 가지고 있는 것이 좋을 것만 같다. 사실 모두가 이 전략을 알게 되고, 따라 하게 된다면 경쟁자가 너무나 많이 생길 수 있다. 더군다나 내가 알려준 방법을 실행해서 나보다 더 좋은 성적을 얻는다면 그건 생각조차 하기 싫은 일이다.

그러나 그럼에도 불구하고 나는 공부법을 친구들과 공유하라고 싶다. 그 이유는 간단하다. 이 방법을 많은 학생이 실행할수록 여러분도 성공할 가능성이 커지기 때문이다. 별거 아니라는 듯이 써놓기는 했지만, 막상 실행해보면 절대로 쉽지 않다는 것을 느낄 것이다. 내신 10회독은 꾸준한 실천이 생명이다. 정말로 큰 동기 부여와 성실함, 끈기가 없이는 완벽히 실현해 내기가 매우 어렵다. 하지만 함께 해 나가는 친구들이 있다면 이야기는 달라진다. 혼자서 자신과 싸움을 하는 것보다 친구와 함께 경쟁해가며 실행을 체크하는 것이 훨씬 쉽다. 혼자 실천한다면 지쳐 쓰러질 것도 여럿이 하면 서로에게 지기 싫은 마음과, 함께 달려나가는 동료의식 때문에 더욱 강한 실천력이 생기는 것이다.

내가 처음 이 프로그램을 도입하자마자 크게 성공했던 배경에는 세 명이 동시에 했다는 것도 중요한 원동력으로 자리하고 있다. 셋 모두는 이 프로그램을 실행하면서 '나머지 둘은 했는데 나만 안 할까 봐 제일 걱정이 됐다.' 라고 했다. 그 걱정과 지기 싫은 마음이 끝까지 프로그램을 실행하게끔 한 것이다.

지금 이 책을 읽고 있다면 반 모든 친구에게 이 프로그램을 권유해 주기 바란다. 아니 이 책을 모두 읽게끔 하는 것이 더 좋다. 공부에 대한 동기부여를 받고 열심히 하는 친구들이 많을수록 공부는 수월해지며 결과가 더 좋아진다. 내신 때문에 명문대 진학이 불리하다는 이야기를 들으면서도 특목고와 자사고 등에서 훨씬 높은 입시 성적을 올리는 이유도 이와 비슷하다. 열심히 공부하는 구성원의 비율이 높을수록 함께 자극받아서 공부하게 되기 때문이다. 그래서 학원에서도 무리해서라도 우수반에 편성되려 하는 것이다.

굳이 힘든 길을 혼자 가려 하지 말아라. 여러분이 먼저 손을 내민다면 친구들도 그 손을 굳게 잡을 것이다. 그리고 여러분이 넘어졌을 때, 그 손이 여러분을 일으킬 것이다. 우리, 착하게 성공하자.

4. 셀프티칭
강점·약점 파악과 동시에 이해와 암기까지 해결하는 비기

대학교 1학년 때의 일이다. 고등학교 1학년이던 두 남학생의 수학 과외를 맡게 되었다. 같은 반 친구였던 둘은 중학교 때부터 친구였다. 어려서부터 학원도 항상 같이 다니고, 주말이면 같이 축구시합을 하는 재미로 살던 아이들이었다. 성격도 굉장히 밝고 입담도 좋았다. 둘이 워낙 죽이 잘 맞아서 가르치면서도 굉장히 재미있었던 기억이 난다. 둘은 오랜 시간 같이 어울리며 놀기만 하다가 우연히 고려대를 구경하고 캠퍼스의 모습에 반해서 공부를 결심했다고 했다. 과외 선생님을 구해달라 하면서 무조건 고려대 선생님이 아니면 배우지 않겠다고 선언해서 어머님께서 수업을 맡아 달라고 간곡히 부탁하셨다. 수업을 해보니 둘은 매일 서로 놀려대면서도 또 서로 챙겨가며 수업을 열심히 따라왔고 공부도 열심히 했다. 둘 다 첫시험에 비해 성적이 오르기 시작했다.

그런데 같이 시간을 보내다 보니 성격이 비슷하면서도 또 정반대인 면이 있다는 것을 알게 되었다. 몸집이 작고 날렵해 축구를 잘한다는 자칭 '종로 메시' 중희는 맺고 끊음이 분명했다. 그래서 친구들의 부탁도 거절할 것은 확실히 잘 거절한다고 했다. 반면에 키가 크고 덩치도 좋던 자칭 '종로 비에이라' 명규는 뜻밖에 다른 사람의 부탁을 잘 거절하지 못하는 성격이었다.

중간고사를 2주 정도 남겨둔 9월이었다. 둘이 또 서로 놀려대기 시작했다. 그러다 중희가 이런 말을 했다. "명규 애는 지도 수학 못하면서, 다른 애들이 물어보면 그거 다 풀어주고 있어요. 보나 마나 시험 망칠 거에요." 이야기를 들어보니, 둘이 과외를 같이 받는다는 이야기도 퍼지고 성적도 오르자 주변 아이들이 수학 문제를 풀어달라고 한 모양이다. 중희는 딱 잘라 거절했지만, 명규는 애들이 물어본 문제를 풀고 설명해 주느라 자기 공부 시간도 부족하다고 했다. 그 이야기를 들은 나는 당연히 명규가 조금 걱정되었다. 중하위권에서 공부를 시작한 둘은 자기 공부만 하기에도 빠듯했기 때문이다.

그런데 의외의 결과가 나왔다. 지난 기말고사에서 60점대 점수를 받았던 둘은 (이 점수도 10점 넘게 오른 점수였다.) 점수 상승을 이뤄냈는데, 한 명이 90점대라는 비약적인 점수 상승을 한 것이었다. 점수 상승의 주인공은 명규였다. 70점 후반의 점수를 받은 중희는 굉장히 자존심이 상해했다. 그리고 도저히 결과를 이해할 수 없어했다. 수업을 진행했던 나 또한 처음에는 의아했다. 시험 마지막 1주일 전까지 수업을 진행했는데, 둘 다 이해도는 비슷했기 때문이었다. 80점 정도 나오면 잘 나오는 거라 예상했는데, 이 정도일 줄은 상상도 못했던 것이다.

아이들과 이야기를 나누어 본 후, 명규의 기적 같은 점수 상승 원인을 찾을 수 있었다. 착해 빠졌던 명규는 시험 직전까지도 아이들이 물어보는 수학 문제를 설명해 주느라 바빴다. 그 큰 덩치로 낑낑 대며 문제를 풀고 설명하는 모습이 재미있었는지 반 아이들이 전부 수학 문제를 들고 물어봤다고 했다. 아이들에게 수학 문제를 설명하면서 명규는 수학 개념에 대한 이해도가 상당히 높아진 것이었다. 더군다나 설명이 막히는 부분은 교과서를 찾아보고 다시 설명해야 했기에 자신의 약한 부분을 찾아서 보충할 수 있었다.

난 큰 깨달음을 얻은 기분이었다. 그 시험 이후로 나는 수업 시간에 스스로 설명하는 시간을 반드시 배정해서 아이들의 이해도를 측정했다. 효과는 놀라웠다. 둘은 엄청난 실력 상승을 이뤄냈고, 마지막 기말고사에서 둘 다 90점대의 점수를 얻었다. 첫 중간고사 점수가 40점대였던 것을 생각하면 1년도 안 되는 시간 동안 두 배의 점수를 얻은 것이다. 하지만 점수 상승 후 나는 과외에서 잘렸다. 이제 혼자 해도 충분할 것 같다는 부모님의 의견 때문이었다. 기쁘면서도 좀 슬픈 기억이다.

입시판의 훌리건들에게도 배울 점은 있다.

훌리건이라는 말을 아는가? 훌리건이란 본래 축구장에서 난동을 부리는 일부 극성 팬들을 이르는 말이었다. 유럽 축구에서 골칫거리였던 훌리건들이 우리나라에서도 그 모습을 보이기 시작했다. 그것도 대학 입시에서 말이다. 이른바 대학 훌리건들이다. 그들은 각종 입시 커뮤니티를 오가며 자신이 속한 대학, 혹은 자신이 목표로 하는 대학의 우수함을 광적으로 찬양하고 다닌다. 재미있는 사실은 그런 홀리건 중에는 재학생들보다는 재수생들의 숫자가 훨씬 많다는 것이다. 그 학교 홀리건 활동을 열심히 할수록 그 학교에 가게 될 가능성은 매우 줄어드는데도 말이다. (물론 철없는 재학생들도 일부 있긴 하다.)

수험생들 사이에서는 대학 입시 서열이 매우 중요한 의미가 있다. 슬프게도 그들의 10대와 20대 초반의 인생이 고스란히 담기게 되는 것이 대학 간판이기 때문이다. 그 간판이 얼마나 밝게 빛나느냐에 따라 자신들의 입지가 얼마나 달라질지를 잘 알기 때문에 그리도 광적으로 매달리는 것이 아닐까 생각해본다. 그런 아이들을 볼 때마다 사회의 좋지 않은 단면 중 하나인 학벌의식이 너무나 잘못된 형태로 인식되고 있는 것에 안타까움을 느끼곤 한다.

그런데 그들이 주장하는 서열 글을 보면 실로 감탄이 나올 때도 있다. 그들 중 일부는 정말 엄청난 자료들을 제시한다. 고시 합격자 수, 교수 논문 비율, 대기업 임원 중 졸업생 비율, 취업률 등등 방대한 자료를 가져다 서열을 매기곤 한다. 심지어 그 학교에 다닌 나보다 학교 재산, 이월금, 교직원 수, 장학금 규모, 기부금 규모 등에 대해 더 잘 아는 그들을 보면 놀라움을 금치 못한다. 나와 홀리건 중 한 명이 각자 학교에 대해 설명하라 하고, 둘 중 고대생을 고르라 하면 내가 이길 수 있을 것 같지가 않다.

여기서 우리가 주목해야 할 부분이 있다. 만일 종민이라는 사람이 한국대학교 홀리건이라 해보자. 그러면 종민이의 목표는 한국대학교가 다른 대학들보다 훨씬 우월하다는 것을 설명할 수 있어야 한다. 그러면 종민이는 한국대학교에 대해 빠삭하게 알아야만 한다. 제대로 아는 것이 있어야 누군가에게 설명할 수 있기 때문이다. 즉, 한국대학교에 대해 확실하게 안다면 설명할 수 있다는 것이다.

이걸 공부에 대해 그대로 도입해 보자. 만일 우리가 조건부 확률을 공부해야 한다고 가정해보자. 앞서 이야기한 대로 우리 공부의 목표는 '모르는 것을 알게 되는 것'이다. 즉, 조건부 확률에 대해 알게 되는 것이 우리의 목표이다. 우리의 목표를 달성하게 된다면, 조건부 확률에 대해 확실히 알게 된다면 누군가에게 설명이 가능해진다는 것이다. 이 명제가 참이라면 대우도 참일 것이다. 누군가에게 설명할 수 없다면, 우리는 그 부분에 대해 제대로 알지 못하는 것이다.

우리가 문제를 풀어서 맞추는 조건에 대해서도 생각해보자. 문제를 풀기 위해서는 문제에서 다루는 개념을 이해해야 하며, 답을 고르기 위해 외우고 있어야 하는 내용을 확실히 암기하고 있어야 한다. 즉, 그 문제에서 다루는 모든 것에 대해 알고 있어야 한다. 앞서 이야기했듯이 확실히 알고 있다면 설명할 수 있어야 한다. 그 문제에서 다루는 모든 것을 설명할 수 있다면 확실히 알고 있는 것이며, 그렇다면 그 문제를 풀 수 있다는 뜻이다.

앞서 이야기했던 명규의 사례도 이에 해당한다. 명규는 친구들에게 수학 문제를 확실히 설명할 수 있게 되면서 비로소 수학의 개념을 제대로 이해했다. 그 결과 수학 문제를 확실히 풀 수 있는 실력을 갖추게 되었다.

하지만 누군가에게 설명하는 것이 쉬운 일은 아니다. 어떻게 무언가를 공부할 때마다 누군가를 앉혀 놓고 설명할 수 있을 것인가? 내가 배우는 과목에 전혀 관심 없는 동생을 앉혀 놓을 수도 없고, 공부하신 지 수십 년이 지난 부모님을 모시고 가르쳐 볼 수도 없다. 하지만 대상이 없어도 충분히 효과를 얻을 수 있는 방법이 있다. 그것이 바로 공부법의 화룡점정, 완벽한 공부를 완성하는 셀프티칭 방법이다.

셀프티칭을 이용한 완벽한 공부가 필요한 이유

셀프티칭이 필요한 이유를 설명하기 위해서는 다음에 대한 이해가 필요하다. 바로 3장, 10회 복습법에서 언급했던 '공부를 열심히 했음에도 불구하고 점수가 오르지 않는 이유' 그 두 번째이다. 첫 번째 이유를 기억하는가? 바로 성적은 공부량과 비례하여 오르지 않고, 계단형으로 오른다는 성적 상승을 위한 공부량의 임계점에 대한 이야기였다. 그리하여 10회 복습법을 통해 그 임계점을 나도 모르는 사이에 완벽하게 뚫어버리자고 이야기했었다. 그리고 그 과정에서 꼭 필요한 것이 셀프티칭이며 그 이유와 방법에 대해서는 4장에서 설명하기로 했다.

이번에 설명하고자 하는 내용은 이런 궁금증에서 그 고민이 시작됐다.

'왜 지난 시험보다 공부를 열심히 했는데도 불구하고 점수가 오르

지 않는 경우가 생길까?'

글로 써 놓으면 간단한 것 같지만, 실제로 이런 일을 겪으면 그 답답함은 이루 말할 수 없다. 분명 지난 시험보다 공부를 열심히 했음에도 불구하고 점수가 오르지 않은 것이다. 부모님께 아무리 억울하다고 이야기해도 절대 믿어 주시질 않는다. 공부를 더 열심히 했는데 어떻게 점수가 그대로일 수 있느냐는 것이다. 엄청나게 억울하다가도 막상 이런 이야기를 들으면 또 할 말이 없어지긴 한다. 스스로 생각해도 이상하기 때문이다. 공부량이 늘었는데 점수가 오르지 않았다니. 정말로 이해가 되질 않는다.

공부를 더 열심히 했는데도 성적이 제자리라고 이야기하는 학생들, 정말 이들은 거짓말을 하는 것인가? 결론부터 이야기하자면 '아니다.' 라고 할 수 있다. 공부를 더 열심히 했음에도 불구하고 성적이 안 오를 수 있다는 말이다. 3장에서 설명했던 공부량 임계치와는 조금 다른 이야기이다.

자, 이렇게 생각해보자. 문제를 맞추는 데 필요한 지식의 정도를 수치화해서 생각해보자. 문제를 맞추기 위한 지식을 100이라 가정해 보자. 우리는 공부를 통해서 그 지식의 양을 채워가는 것이다.

문제는 여기서 발생한다. 문제를 맞추기 위해 100이라는 지식이 필요하다면 99를 알아봤자 소용이 없다는 것이다. 지난 시험에서는 공부를 통해 70만큼의 지식을 얻어서 문제를 틀렸는데 이번 시험에서는 공부량을 늘렸지만, 90에 그쳤기 때문에 문제를 틀렸을 수 있다는 것이다. 이럴 경우 공부량이 늘었음에도 불구하고 점수가 오르지 않을 가능성이 얼마든지 있다.

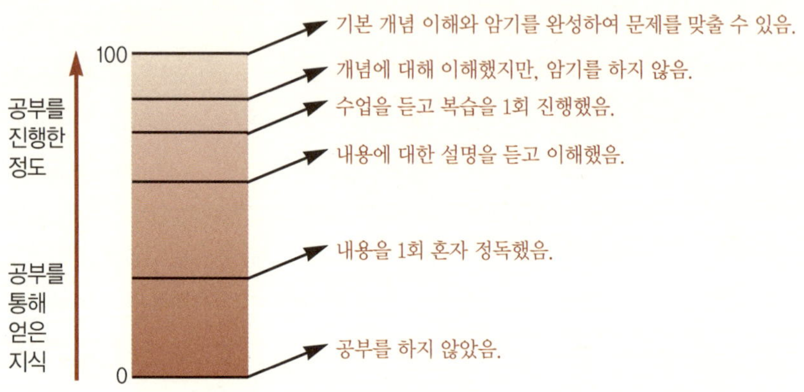

시험은 정말 냉정하다. 맞든지 틀리든지 둘 중 하나만 존재한다. 중간 항이란 없다. 공부를 얼마나 했건 그것은 중요하지 않다. 10분 공부했어도 맞추면 점수를 얻는 것이고, 10시간 공부했어도 문제를 틀리면 그게 전부다. 어찌 보면 비합리적일지도, 너무 비인간적이라고 느낄지 모르겠지만, 우리 앞에 마주한 현실은 이것이다. 그리고 앞으로 살면서 마주하게 될 수많은 시험 중 대부분은 이런 모습을 가지고 있다. 시험의 이런 특성이 비인간적인 것이 아니다. 그저 시험이라는 것은 이런 모습일 뿐이다. 하지만 너무 걱정하지 말자. 내신 10회 복습법이 전체 범위의 학습에 걸리는 시간을 비약적으로 줄여줬다면, 셀프티칭은 내용 하나하나를 공부하는 데 걸리는 시간을 비약적으로 줄여줄 것이다. 10회 복습법이 거시적인 공략법이었다면 셀프티칭은 미시적 공략법이라 생각하면 된다. 이제 본격적으로 셀프티칭을 알아보자.

- 화이트보드, 보드마커, 지우개
- 10회 복습법을 시행한 A4 용지 혹은 교과서나 기본서를 비롯한 공부할 교재
- 두꺼운 얼굴

① 내가 선생님이 되어 보자.

우선 10회 복습법을 통해 내용에 대한 공부는 마쳤을 것이다. (혹 내신이 아닌 수능 대비를 위한 공부라면 기본 개념을 공부하고 복습하는 과정에서 셀프티칭을 활용하면 된다.) 그러면 이제 공부한 A4 용지를 들고 (혹은 기본서나 참고서) 그 내용을 누군가에게 가르치듯이 설명해 보자. 기본 개념을 설명하고 문제를 푸는 방법과 내용을 설명한다. 정답은 그것이 정답인 이유, 오답 선지는 그것이 오답인 이유까지 상세히 설명한다. 자신이 직접 선생님이 된다고 생각하면 편하다. 화이트보드를 칠판이라 생각하고 직접 써 가며 설명하도록 하자. 공부를 다 한 것 같아도 막상 해보면 막히는 부분이 많이 나와서 당황할 수도 있다. 하지만 그 당황하는 포인트들이 전부 보석 같은 것이니 그 타이밍을 반가워하자.

② 막힌 부분을 해결해 보자.

이제 막힌 부분을 제대로 설명하기 위한 공부를 하자. 앞서 이야기 했듯이 누군가에게 능숙하게 설명할 수 있다면 제대로 알고 있는 것이 틀림없다. 설명이 막혔다는 것은, 제대로 알고 있지 않을 수 있을 확률이 높다는 것이다. 우리의 목표는 문제를 맞출 수 있을 정도로 완벽한 공부를 하는 것이다. 그러니 완벽한 설명을 위한 보충 학습을 하자.

중요한 것은 셀프티칭에서 막힌 부분이 도대체 왜 막힌 것인지 파악하는 것이다. 개념 자체에 대한 이해 부족이 원인일 수도 있고, 능숙하게 설명할 수 있을 정도로 암기가 안 되어 있을 수 있다. (이는 6장에서 제시하는 지난 시험지 분석법에서도 연결된다.) 생각해보면 국사 선생님은 주요 사건들의 연도를 설명할 때 굳이 책을 보시지 않는다. 다 외우고 계시기 때문이다. 주요 사건들의 발생 연도를 비롯한 암기 사항들을 설명할 때 책을 봐야 한다면 완벽한 학습이 되지 않은 것이다. 다시 공부하고 설명해 보자. 그리고 다시 공부해서 설명한 부분은 반드시 적어 두자. '개념 이해 부족', '암기 부족' 등의 이유를 말이다.

③ 셀프티칭을 시험 직전 최종 복습에 활용하라.

시험에서 가장 중요한 것은 '모르는 것을 찾아 보충하는 것'이다.

개념이 약한 부분은 다시 한 번 정독하며 이해를 시도해야 하고, 암기가 약한 부분은 다시 한 번 점검해서 제대로 외워야 한다. 이러한 공부는 시험이 임박할수록 그 위력이 진가를 발휘한다. 시간이 급박할 경우, 아는 부분은 짧은 시간을 투자해서 복습하고, 약한 부분은 더 많은 시간을 투자해서 복습해야 한다. 셀프티칭이 다시 등장하는 시기는 두 번인데, 3장의 내용을 참고하기 바란다.

본격 시험공부를 하기 전과 최종 체크 직전 내가 제대로 공부한 부분과 그렇지 않은 부분을 알고 전략적으로 공부하는 것이다. 그리고 놀라운 사실은 셀프티칭을 진행하고 나면 개념의 이해와 암기에 걸리는 시간이 실로 엄청나게 단축된다. 본래 암기라는 것은 많은 감각을 활용할수록 그 효율이 높아진다고 한다. 셀프티칭은 화이트보드에 쓰고, 직접 소리 내서 설명하고, 그 설명을 귀로 듣고, 눈으로 다시 읽으며 확인한다. 인간의 다섯 가지 감각 중에 네 가지를 활용하기에 암기까지도 자연스레 해결되는 것이다. 후각까지 활용하고 싶다면 암기력을 높여 주는 아로마 향초 같은 것을 동원해도 좋다. 특히 남학생의 경우 틀림없이 방에서 날 퀴퀴한 냄새를 없앨 수 있으니 일거양득이다. (내 방만 퀴퀴한 것은 아니겠지.)

공부할 때 따르는 창피함은 창피함이 아니다.

셀프티칭 방법을 시키면 실행하지 못하는 아이들이 있다. 그리고 그들이 말하는 이유 중 가장 많은 것은 '집에서 하기 쪽 팔리다.' 라는 것이다. 소리를 내서 가르치고 하는 것이 미친 사람처럼 보일까 봐, 유난 떨면서 공부하는 것으로 비칠까 봐 걱정된다는 것이다. 그리고 지금 이 글을 읽는 여러분 중에서도 그런 것을 걱정해서 '그냥 연습장에 써 가면서 해야지.' 라고 생각하는 학생들이 분명 많을 것이다.

하지만 여러분, 제발 명심해 주었으면 좋겠다. 그렇게 하나하나 어려운 것을 피해가기 시작하면 영영 피하는 것밖에 못 하게 된다. 우리는 분명 초반에 약속한 것이 있다. 공부하기로 한 이상 모든 것을 걸고 열심히 해보자는 것 말이다. 우리의 꿈이 소중하다는 것을 증명하기 위해, 우리가 존중받아 마땅함을 보여주기 위해, 앞으로 포기해야 할지 모르는 많은 것들을 포기하지 않기 위해 열심히 하기로 했다.

나도 잘 안다. 그 굳은 마음을 유지한다는 것이 얼마나 힘든지를. 고작 책 몇 페이지 읽을 시간에 그 결심이 무뎌지고 어려운 공부를 피하려 하고 있지 않은가? 여러분이 못나서 그런 것이 아니다. 인간은 원래 그렇다. 아니, 인간 대부분은 원래 그렇다. 하지만 그렇지 않은 인간도 분명 존재한다. 그리고 그런 인간들이 결국엔 성공한다. 공부 외적인 것에서 성공한 사람들도 모두 창피함을 무릅쓰고 도전하는 단계를 거친다. 오히려 공부가 그중 가장 쉬울지도 모른다. 공부를 벗어난 세계는 문이 더욱 좁아서 그 험난함 또한 상상을 초월한다.

여러분을 비웃을 사람은 우리 생각만큼 많지 않다. 그리고 여러분을 비웃는 사람들은 여러분이 좋은 결과를 얻으면 가장 먼저 와서 그 방법을 물어볼 사람들이다. 남을 비웃는 사람들의 특징이 대개 그렇다. 동서고금을 통틀어 봐도 그런 캐릭터의 인간들은 항상 그렇다.

제발 여러분의 노력하는 모습을 부끄러워하지 마라. 그대들이 혹시 겪을지 모르는 부끄러움과 쑥스러움보다도 공부의 효과가 줄어들 것이 확실한 길을 택하는 것을 두려워하라. 항상 누군가의 가능성을 제일 크게 갉아먹는 요인을 찾아보면 자신인 경우가 대부분이다.

우리는 현명해지도록 하자.

5. 문제집 활용법
한 번 보는 것으로 남들 10번 보는 효과를 얻게 된다

(국·영·수를 제외한 기타 암기 과목, 국·영·수는 각 공부법에서 따로 제시)

"오빠! 저는 공부 정말 열심히 하는데 왜 항상 시험을 보면 점수가 제자리일까요?"

"네가 정말 공부를 열심히 하는 게 맞아? 그걸 어떻게 알아?"

"친구들이 전부 다 그래요! 제 문제집 보면 진짜 감탄하거든요. 그래서 제 거 빌려 가서 공부하는 애들도 있고요. 그런데 막상 시험 보면 제 점수는 그대로인데 그 친구가 더 잘 보고 그래서 속상해요!"

"그래? 그러면 문제집 한 번 보자."

밝은 성격의 여고생 시영은 고등학교 입학 후, 동아리 3학년 오빠를 좋아하게 되었다고 했다. 중간보다 약간 아래의 성적을 가졌던 시영에 비해 그 오빠는 전교에서도 손가락 안에 들 정도로 공부를 잘한다고 했다. 시영은 그 오빠가 목표로 하는 대학에 가기 위해서 어느 정도의 성적이 나와야 하는지 확인한 후 꽤 큰 충격을 받았다고 했다. 그리고 그 오빠를 차지하기 위해 (본인의 표현을 그대로 옮겼다.) 엄청나게 열심히 공부하기 시작했다. 특히나 시영은 노트 필기와 문제집 필기만큼은 전교 1등 부럽지 않을 정도로 화려하고도 깔끔하게 정리를 잘했다. 평소 꾸미기를 좋아하는 성격과 잘 어울리는 노트와 문제집이었다.

그런데 문제는 아무리 문제집을 열심히 풀고, 깔끔하게 오답 정리를 하고, 노트 내용을 옮겨 적어도 시험 성적이 오르질 않는다는 것이었다. 보통 이런 경우 쓸데없는 내용을 잔뜩 적어 넣어 겉으로 보기에 요란하기만 하거나, 화려하게 색칠만 되어 있고 정작 중요한 내용은 산발적으로 정리되어 일목요연하지 않거나 하는 경우가 대부분이다. 하지만 시영은 알찬 내용으로 꽤 깔끔하게 정리한 편이었다. 정말 친구들의 표현대로 전교 1등 부럽지 않은 노트와 문제집이었다.

결과물만 놓고 봐서는 도저히 문제점을 찾을 수 없었기에, 아예 문제집을 풀고 노트의 내용을 옮겨 적는 과정을 옆에서 지켜보기로 했다. 문제를 풀고 오답 정리한 문제집을 봐서는 도저히 찾을 수 없던 성적 정체의 원인은 단 10분 만에 정체를 드러냈다. 이제 시영이가 문제집을 풀었던 과정을 적어 볼 테니 이 책을 읽는 여러분도 문제점이 무엇인지 함께 찾아보자.

▶ 시영의 문제집 푸는 방법

① 해당 단원의 문제집을 펴고 문제를 열심히 푼다.

② 빨간 색연필을 이용하여 채점한다.

③ 틀린 문제가 나오면 해설지를 보고, 몰랐던 해설을 옮겨 적는다.

④ 틀린 문제와 관련된 내용에 대해 노트를 찾아보고 부족한 내용
   을 옮겨 적는다.

자, 무엇이 문제인지 바로 발견할 수 있는가?

"이게 뭐가 문제예요? 문제집을 저렇게 풀지 그럼 어떻게 풀어
요?"라고 묻고 싶은가? 그렇다면 여러분 역시 문제집을 100% 활용
하고 있지 못한 것이다.

이 파트에서는 긴 설명이 필요 없을 듯하다. 단계별 활용법을 바로
공개하고 각각의 의미와 주의해야 할 사항을 이야기하겠다. 다시 한
번 강조하지만, 믿고 따라 해도 좋다. 지독히도 자리에 앉는 것 싫어
하고, 외우는 것 싫어하는 내가 찾아내서 효과를 본 방법이니 따라
만 하면 효과는 보장한다. 그토록 게으른 사람이 만들었으니 얼마나
효율적이겠는가?

【문제집 활용법】

① 교과서와 문제집의 개념 정리 파트를 통해 해당 단원의 개념을 공부한다.

시영의 문제집 활용에 있어 가장 큰 문제가 되었던 부분이 바로 시작점이었다. 문제집이라는 것은 그저 푼다고 공부가 되고 머리에 남는 것이 아니다. 문제집은 단순히 해당 단원에서 문제가 어떻게 나오고 있는가를 확인하기 위해서 푸는 것이 아니기 때문이다. 문제집 공부는 '내가 무엇을 알고 무엇을 모르는지'를 파악하기 위해서 하는 것이다. 당연히 기본 개념 공부를 우선 해야 내가 아는 것이 생기고 그걸 바탕으로 문제를 풀 수 있게 된다. 또한, 그럼에도 불구하고 모르는 부분이 있다는 것을 발견해야 약점을 채워서 해당 부분이 시험에 출제된다 하더라도 문제를 풀 수 있게 되는 것이다. 따라서 문제집을 풀기 전에는 무조건 성심성의껏 교과서를 공부해야 한다. 개념 설명 부분을 정독하고 암기해야 하는 용어와 뜻을 열심히 외워야 한다. 그리고 나서 문제를 풀러 들어가야 한다. 이 부분이 안 되면 문제집은 안 푸는 것만 못하다. 차라리 그 시간에 자고 체력을 유지하는 게 낫지 않겠는가? 점수야 똑같이 안 나오겠지만, 체력이라도 남게 되니까. 체력 남기기 위해 문제집 보지 말라는 이야기가 아니라 개념 공부를 열심히 하라는 뜻이다!

② 문제집을 풀고 채점한다.

이제 개념을 열심히 공부했으니 문제를 푼다. 여기서 주의해야 할 사항이 있다. 단순히 문제만 풀지 말고 다음을 꼭 체크하자.

ⓐ 문제로 나올 정도면 상당히 중요하다는 뜻이다. 해당 단원에서는 어떤 내용이 중요한 것인지 파악하자.

ⓑ 문제집은 많이 맞추기 위해 푸는 것이 아니다. 내가 무엇을 알고 무엇을 모르는지를 찾기 위한 것이다. 동그라미 개수 늘리려고 고쳐서 맞췄다는 둥 그런 어리석은 짓은 하지 말자.

ⓒ 문제를 틀릴 경우 반드시 '왜 틀렸는지'를 적어라. 그러면 내가 어떤 점이 약한지를 알 수 있다. 암기가 약한지, 자료 해석이 약한지, 잔 실수가 많은지 등을 파악할 수 있다.

위의 세 가지를 반드시 생각해야 한다. 중요한 것을 파악해야 시간이 없을 때 공부해야 할 집중 공략 포인트를 찾을 수 있다. 그리고 나의 정확한 실력을 알아야 어떤 것을 살리고 어떤 것에 집중할지 전략을 세울 수 있다. 문제를 틀릴 경우 틀리는 이유를 알아야 실전에서 단 한 문제라도 더 맞추도록 개선할 수 있다. 다시 한 번 강조하지만, 시험은 한정된 시간 안에서의 경쟁이다. 같은 시간을 공부할 때 집중력 못지않게 중요한 것이 바로 전략이다. 전략 없이 공부하면서 점수 향상을 바라지 마라.

채점의 경우 '틀린 문제만 체크하면 된다.' 라는 사람들도 있는데 이건 각자 좋은 방법대로 따르기 바란다. 내 경우에는 '힘든 공부하는데 동그라미 치는 재미라도 있어야지.' 라는 생각으로 맞춘 문제만 동그라미 치는 볼펜을 따로 샀었다. 그리고 다 쓰는 볼펜의 숫자가 늘어날수록 내가 맞출 수 있는 문제가 늘어난다는 기분으로 공부했다. 꽤 괜찮은 동기 부여가 돼 주었다.

③ 틀린 문제는 이렇게 공부해야 한다.

문제집 활용법의 핵심이다. 단순한 문제풀이에 머물러 있던 문제집 활용을 벗어나게 해줄 핵심이 될 것이니 반드시 실행하자. 많은 학생이 범하는 실수가 있다. 바로 문제를 틀리고 나서 바로 해설지를 들고 문제 옆에다 색색의 볼펜으로 현란하게 장식하는 것이다. 그리고 알록달록 꾸며진 문제집을 보고 매우 큰 만족감을 느낀다. 그리고 다시는 보질 않는다. 이래서는 절대로 점수가 오를 수 없다. 하지만 여기에 한 단계의 과정을 더한다면 약점 체크와 더불어 약점 보완, 암기까지 해결되는 극적인 효과를 맛볼 수 있다. 화장품이나 의약품은 한 단계 더해서 극적인 효과를 보기 매우 어렵지만, 공부는 그렇지 않다. 한 단계 더 하면 새로운 세계가 열릴 수도 있다. 문제집 활용에서는 다음이 그러하다. 그대로 따라 하자.

ⓐ 교과서를 펴고 틀린 문제가 나와 있는 소단원에 숫자를 체크한

다. 틀리는 문제들이 나올 때마다 교과서 옆의 숫자를 늘여가면
된다.

ⓑ 앞서 이야기했지만, 문제집을 푸는 이유 중 가장 큰 것은 ‘내가
무엇을 알고 무엇을 모르는지를 파악’ 하는 것이다. 그리고 우
리는 이를 위해 문제집을 풀기 전 개념을 공부하는 단계를 반드
시 거치기로 했다. 하지만 우리도 사람인지라 공부에 있어 제대
로 된 부분이 있고 약한 상태로 지나친 부분이 있을 수 있다. 이
를 파악하기 위해서 숫자를 체크하는 것이다. 틀린 문제가 많은
부분은 당연히 약한 부분이다. 이를 잘 파악하자.

ⓒ 틀렸던 교과서 개념 부분을 형광색으로 체크한다. 눈에 잘 띄는
색으로 체크한다. 모든 교과서에 똑같이 적용한다.

ⓓ 한 번 틀린 문제는 또 틀리기 쉽다. 한 번 외우지 못했던 용어는
또 잊어버리기 쉽다. 즉, 한 번 틀렸던 부분에서 문제가 출제된
다면 또 틀릴 가능성이 매우 높다는 뜻이다. 그렇다면 우리가
시험 직전에 봐야 할 부분은 명확해진다. 한 번 틀렸던 부분, 한
번 못 외웠던 부분을 반드시 봐야 한다. 문제는 똑같이 다시 나
오지 않지만, (일부 학교에서는 기출문제가 그대로 나오는 경우
가 있긴 하지만) 나왔던 부분이 변형 출제되는 경우는 매우 흔
하다. 형광펜 친 부분만 제대로 공부해도 점수를 상당히 끌어올
릴 수 있다.

ⓔ 해당 부분의 교과서를 공부하고 다시 문제를 푼다. 문제가 안
풀릴 경우 풀릴 때까지 교과서를 공부한다. 교과서로 해결할 수

없는 문제만 해설지를 본다.

ⓕ 공부라는 것은 결국 피드백의 연속이다. 공부해서 아는 것을 늘리고, 모르는 것을 다시 공부한다. 공부를 통해 다시 모르는 것을 아는 것으로 만들고, 다시 찾아낸 모르는 것을 공부하여 아는 것으로 바꾼다. 이 과정을 무한정 반복하는 것이다. 문제가 틀리고 바로 해설지를 통해 답을 찾으면 이 피드백 과정을 생략하게 된다. 즉, 실력을 올릴 수 있는 핵심적인 과정을 생략하는 것이다. 문제집을 푸는 의미를 잃게 된다.

ⓖ 따라서 우리는 틀린 문제를 발견하면 바로 피드백 사이클로 진입해야 한다. 틀린 문제가 나온 부분을 다시 복습하고 문제를 풀어 이 내용을 알게 되었는지를 확인해야 한다. 더군다나 이 과정은 놀라운 효과를 선물한다. 바로 엄청난 암기 효과이다. 문제를 틀리고 해설을 바로 보고 옮겨 적을 경우에는 따로 암기하는 과정이 필요하지만, 교과서를 다시 공부하고 문제 푸는 과정을 거치면 자동으로 암기되는 효과가 있다. 여러분의 공부 시간을 비약적으로 줄여 줄 것이다.

지금쯤이면 내 공부법의 핵심을 어느 정도 눈치챈 학생들이 있을 것이다. 공부법의 핵심은 전략이며, 그 전략 안에는 무한 피드백이 자리하고 있다. 이를 증명하기 위해 굳이 과학적 이론이나 심리학적 연구 결과를 제시하지는 않겠다. 앞서도 이야기했지만, 공부만 해도 복잡한 머리에 굳이 복잡한 용어나 실험 이야기까지 집어넣지 말자.

남들보다 조금 더 준비하고, 약한 부분을 더 보완하면 이길 가능성이 높아진다는 것은 지극히 상식적으로 이해할 수 있는 부분이다. 그리고 내 공부법은 일반인들의 상식선에서 무난히 이해할 수 있는 성격의 것이다. 공부만으로도 아주 어려운데 굳이 공부법까지 어려울 필요는 없지 않은가?

우리, 열심히 해보자. 공부법이라는 거 별거 아니니까.

문제집 고르는 법

　EBS영향으로 문제집 출판 시장이 굉장히 약화되었다고는 하지만, 그래도 서점에 나가 보면 너무나 많은 문제집들 때문에 교재를 선택하기가 쉽지 않다. 문제집을 추천해 달라는 요청을 많이 받는 편인데, 문제집은 학교 교과서의 출판사, 선생님의 성향, 학생의 취향 등등에 따라 매우 다른 효과를 낼 수 있기 때문에 직접 고르는 것이 가장 좋다. 다만, 선택에 참고가 될 수 있게 몇 가지 원칙을 제시하겠다.

① 학교 교과서의 출판사와 같은 곳에서 나온 문제집.

② 학교 선생님의 책상에 꽂혀 있는 문제집. 단, 누군가에게 주는 문제집은 제쳐놓아야 한다. 필요 없으니까 주시는 것이다.

③ 1등급이 아닌 학생은 고난도 문제집을 피할 것. 고난도 문제집은 공부 잘하는 아이들이 보는 것이지, 1등급을 받기 위해 보는 것이 아니다.

④ 정말 고르기 곤란하다면 판매량이 가장 많은 문제집을 보는 것이 좋다.

6. 소 잃고 외양간 고치기
아무도 보지 않는 지난 시험지에 들어있는 전교 1등의 비밀

스무 살 때, 재수가 끝난 이후 친구의 동생과 그 친구들을 가르치는 것으로 나는 누군가를 가르치는 것을 시작하게 되었다. 그 이후로 10년간 수많은 학생을 만나 성적 상승을 위한 컨설팅을 진행했다. 컨설팅할 때마다 나는 준비물을 요구했다. 그것은 바로 '지난 시험지'였다. 지난 시험지를 순순히 가져오는 학생들도 있었고, 가져오지 않는 친구들도 있었다. 물론 모두가 예상하듯이 가져오지 않는 학생들의 비율이 훨씬 높았다. 그런데 여기서 재미있는 것은 성적이 좋은 학생일수록 시험지를 가지고 있는 비율이 높았다는 것이다. 당연히 못 본 시험지 따위는 버리고 싶겠지만, 정말로 시험을 잘 보고 싶다면 절대로 지난 시험지를 함부로 버려서는 안 된다. '이미 지난 시험이고, 이제 그 범위는 시험에 나오지도 않는데 시험지를 가지고 있어야 한다고요? 설마 여기서 또 시험이 나오나요?' 라고 묻는다면 대답은 '아니다.' 일 것이다. 물론 이미 지난 시험 범위에서 문제는 나오지 않는다. 그렇다면 나오지도 않는 시험 문제를 품고 있는 지난 시험지를 왜 가지고 있어야 하는 걸까?

소 잃고 외양간 고치는 게 정말 바보 같은 짓일까?

우리 옛 속담 중에 '소 잃고 외양간 고친다.'라는 말이 있다. 소를 도둑맞은 다음에서야 빈 외양간의 허물어진 데를 고치느라 수선을 떤다는 뜻으로, 일이 이미 잘못된 뒤에는 손을 써도 소용이 없음을 비꼬는 말이다. 내가 지난 시험지 분석의 중요성을 이야기하면 학생들이 꼭 한 번씩은 하는 말이다. '형, 소 잃고 외양간 고쳐 봤자 무슨 소용이에요?' 하지만 우리는 명심해야 한다. 첫째는 소를 잃고 난 후 외양간을 고쳐야 다음 소를 잃어버리지 않을 수 있다는 것이다. 그리고 둘째는 소를 잃어버릴 수밖에 없었던, 즉 다시 말해 실패를 맛볼 수밖에 없었던 이유는 외양간에 고스란히 남아 있다는 것이다. 소가 없어진 외양간을 주의 깊게 봐야 소가 도망간 (혹은 도둑맞은) 이유를 찾을 수 있고, 그 이유를 알아야 외양간을 제대로 고칠 수 있다.

이제 외양간을 제대로 살펴보고 고치는 방법을 알려 줄 것이다. 이미 지난 일이니 다시 봐도 소용없다는 어리석은 생각은 이제 접어두고 소가 없어져`버린 외양간을 제대로 수리해 보자. 이 과정만 제대로 해 놓으면 애써 마련한 소를 다시 잃어버리는 일은 없을 것이다. 직설적으로 말하자면 이걸 해 놓으면 당장 시험을 훨씬 잘 볼 수 있게 된다. 두 말 않겠다. 그대로 따라 하라.

【소 잃고 외양간 고치기 공부법 따라 하기】

1) 내가 공부한 부분과 시험에 나온 부분을 비교하기

앞서 소개했던 10회 복습법에서 이야기했지만, 결국 시험이라는 것은 한정된 시간 안에서 누가 더 많은 공부를 했느냐의 싸움이다. 누구에게나 시간은 똑같이 주어져 있다. 그렇다면 결국 승부는 '시험에 나오는 부분을 누가 더 잘 알고 있느냐'가 되는 것이다. 하지만 우리는 모두 시험이 끝나고 이런 말을 한 번씩 해 보았을 것이다.

'아, 젠장. 공부한 데서 하나도 안 나오고 공부 안 한 부분에서만 나왔어!'

그래, 이 말이 굉장히 중요하다. 우리 한 번 생각해보자. 정말로 그랬을까? 정말로 우리가 공부한 부분은 시험에 안 나오고, 공교롭게도 공부를 안 한 부분에서만 시험에 집중적으로 출제되었을까? 이 문제는 굉장히 중요하다. 실제로 여러분이 공부하지 않은 부분에서 집중적으로 출제되었을 수도 있고, 여러분의 생각과는 다르게 고르게 출제가 되었음에도 불구하고 여러분이 문제를 맞추지 못했을 가능성도 얼마든지 있다. 두 경우 모두 시험을 잘 보는 것을 결정적으로 가로막는 요인이니 정확히 파악하고 문제를 해결해 보자.

① 어라? 확인해보니 내가 공부한 부분에서도 꽤 나왔었네?

무슨 변명이 필요하겠는가? 여러분이 공부를 제대로 꼼꼼하게 하지 않았기 때문에 문제를 틀린 것이다. 공부를 분명히 해놓고 눈앞에서 간발의 차로 점수를 놓친 것이다. '하하하, 다음번엔 얼마든지 맞출 수 있겠군.' 이라고 대강 넘어갈 문제가 결코 아니다. 지금 제대로 이 문제를 해결해야 다음 시험에서도 간발의 차로 문제를 틀리는 상황을 면할 수 있게 된다.

우선 문제를 왜 틀렸는지부터 명확히 하자. 공부했음에도 불구하고 문제를 틀렸다면 단순히 실수로 틀린 것인지, 제대로 암기를 하지 못했기 때문인지, 공부는 했지만, 새로운 유형의 문제가 당황하게 하여서 틀리게 했는지를 구분하자. 아마도 원인 중 대부분은 두 번째에 있을 것이다. 대강 훑어봐서 이러이러한 내용이 있다는 것은 알지만, 내용을 깊이 있게 공부하지 않아서 문제를 봐도 맞추질 못한 것이다.

사실 암기라는 것은 가벼운 싸움이 아니다. 시간은 한정되어 있고, 외워야 할 내용은 넘쳐나기 때문에 이걸 완전히 외워야 할지, 그냥 보면 생각날 정도만 외워서 객관식 문제 해결이 가능할 정도만 외울지를 결정해야 한다. 유감스럽게도 정해진 기준은 없다. 출제하시는 선생님의 스타일에 따라서 아주 크게 좌우되는 문제이기 때문이다. 여기 소 잃고 외양간 고치기 전술의 핵심이 있다. 소 잃고 외양간을 고쳐야 소를 앗아간 적의 성향을 파악하고 이에 제대로 대비가 가능한 것이다.

'와, 이렇게까지 외워야 해?' 라는 말을 하지 말고, '아, 이 정도까지 해야 했구나!' 라고 말하라. 아무것도 아닌 것 같지만, 여기서 상당히 큰 차이가 생긴다. 가볍게 외워도 될 정도로 출제하시는 선생님의 과목과 상당히 세세하게 외우도록 출제하는 선생님의 과목 시험이 한 날 겹칠 경우 어디에 더 많은 시간을 투자할지를 결정할 수 있다. 큰 틀만 외우고 들어갈지, 세세한 연도까지 모두 외우고 들어갈지를 결정할 수 있다. 그리고 이렇게 미세한 차이가 등급을 가르게 된다.

② 내가 공부한 곳에서 하나도 안 나왔잖아!

어떻게 보면 가장 안타까운 사례이다. 고등학교 시절 두 친구가 있었다. 윤리 시험을 앞둔 아침이었다. 친구 A는 거의 밤을 새우다시피 하고 온 것 같았다. 그 친구는 퀭한 눈으로 거의 닳기 직전까지 교과서에 밑줄을 그어가며 시험 범위를 암기하고 있었다. 그리고 다른 친구 B는 전날 다른 과목 공부를 하다 잠들었다며 급하게 윤리 시험 벼락치기를 하고 있었다. 시험이 끝나고 난 뒤의 결과는 놀라웠다. 벼락치기를 했던 친구가 오랜 시간 공부한 친구보다 10여 점이 더 높았다. 실제 시험에는 A가 그토록 열심히 외웠던 교과서에서는 거의 출제가 되지 않았고, B가 급한 마음으로 봤던 프린트에 실려 있던 문제에서 거의 똑같이 출제되었다. 이와 비슷한 경우는 흔히 찾아볼 수 있다. 고3 시절 수학 보충 문제집에 실려 있던 수백 문제를 애써 공부했던 친구보다 교과서에 나온 문제들만 외웠던 친구가 월등히 좋은 점수를 얻었던 적도 있다. 선생님이 교과서 수학 문제를 숫자만 바꾸어 출제하셨기 때문이다.

그런데 재미있는 것은 이렇게 한 번 당하고도 친구들은 공부하는 습관을 바꾸지 않았다. 분명 교과서에서 많이 출제된다는 것을 경험하고서도 수학 시험 직전까지 교과서 문제를 풀지 않고, 학원에서 나눠준 보충 문제만 붙잡고 있는 친구. 프린트의 예제만 봐도 100점이라고 선생님께서 분명히 이야기했음에도 불구하고 끝까지 교과서만 외우고 있는 친구. 도무지 이해할 수 없는 일들을 하는 학생들이 너무나 많다. 열심히 공부하지만, 내신 점수가 나오지 않는 학생들의 경우 대부분 이런 사례에 해당한다.

아마도 ①보다는 ②에 해당하는 학생들이 훨씬 많을 것이다. 이제 우리는 이 문제를 해결하고 제대로 외양간을 구축해 보자.

2) 도대체 어디서 시험 문제가 나오는지 찾아보자

평소 수업을 열심히 듣고 필기를 제대로 했다면 자신의 교과서와 노트로 진행해도 무관하다. 하지만 그렇지 않다면, 해당 시험에서 90점 이상을 받은 친구(만점이면 더 좋고, 필기 잘한다고 소문난 학생이면 더 좋다.)의 교과서와 노트를 빌려라. 앞서 강조한 바이지만, 이럴 땐 아낌없이 투자해야 한다. 대개 전교에서 노는 친구라면 대부분 과목을 다 잘하고 수업을 열심히 들을 것이다. 그 친구에게 비싼 밥이라도 사주면서 부탁하자. 한 달 용돈 한 번에 몰방해도 절대 아깝지 않을 성과를 얻을 수 있다. 그리고 교과서와 노트를 빌렸다면 다음을 체크해 보자.

① 교과서와 노트, 프린트 등등 수업과 관련된 자료 중 어디서 집중 출제가 되었는가?

② 선생님이 따로 적어 주신 내용은 시험에 얼마나 출제되었는가?

③ 수업 내용에서 전혀 언급하지 않는 내용이 출제되었는가?

④ 가장 어려웠던 문제는 어디서 출제되었는가?

⑤ 시험에서 100점(혹은 그에 못지않은 점수)을 받은 친구는 따로 본 문제집이 있는가?

위의 사항을 체크하고 답을 달아보자. 이것이 정리되어야 다음 시험을 대비하는 전략이 제대로 나올 수 있다. 문제집을 따로 공부하는 것이 시간 낭비가 되는 것인지, 선생님이 찍어주는 것만 봐도 100점이 가능한 건지, 선생님이 따로 언급한 필기 내용이 없으면 절대 100점이 불가능한 것인지, 극단적으로는 수업을 전혀 듣지 않아도 문제집만 제대로 공부하면 100점이 가능한 것인지까지도 알 수 있다.

이제 1), 2)단계를 제대로 수행했다면 주요 사항들을 문장 단위로 요약해서 교과서의 맨 앞에 적어 두자. 그리고 수업 내용을 복습할 때, 시험 기간에 내신 공부를 할 때, 이 내용을 반드시 숙지하여 공부에 임하자. 어차피 같은 시간, 같은 범위를 공부한다면 전략적으로 공부하는 사람이 좋은 결과를 얻을 수밖에 없다.

소를 이미 잃어버렸어도 상관없다. 대신 확실히 외양간을 고쳐 놓자. 친구들이 아무리 공부를 열심히 한다 하더라도 절대 따라잡을 수 없는 2%의 차이점이 생길 것이다. 그리고 그 2%가 등급을 올려 줄 것이다.

▶ 소 잃고 외양간 고치기 예시

수학, 이성은 선생님

① 이성은 선생님은 100% 교과서 문제만 출제하신다. 교과서만 반복해서 풀자!

② 수업 시간에 선생님이 따로 적어 주신 문제가 고난도 문제로 숫자만 바꿔 나왔다. 따로 적어 주시는 문제들은 반드시 외우자!

③ 교과서 범위를 벗어나는 문제는 없었다. 어려운 문제집을 풀 필요는 없군.

④ 가장 어려웠던 문제는 교과서 단원종합문제와 생각해보기에서 나왔다. 생각해보기도 빠짐없이 풀어봐야 함.

⑤ 100점을 맞은 친구가 둘인데, 한 명은 문제집을 봤고 다른 친구는 안 봤다. 꼭 볼 필요는 없다.

화학, 문성현 선생님

① 수업 때 교과서는 거의 안 보고 프린트만으로 진도 나가시더니 시험에는 교과서 내용도 반 정도 출제되었다. 교과서 꼭 봐야겠다.

② 선생님이 따로 적어 주셨던 내용은 하나도 안 나왔다. 아마도 심화 내용이라 그러신 듯하다.

③ 교과서와 프린트에서 100% 출제되었다. 참고서는 따로 안 봐도 되겠군.

④ 가장 어려운 문제는 프린트에서 나왔다. 프린트 문제들은 외울 정도로 공부해야 한다.

⑤ 100점을 받은 친구는 B 출판사의 문제집을 봤는데 비슷한 문제가 많았다고 한다. 나도 사서 봐야겠다.

7. 국어 공부법
지난 10년의 공부를 따라잡는 수능과 논술을 동시에 공부하는 비법

SNS 대중화로 새로이 사회 문제로 떠오르고 있는 것이 있다. 바로 괴담이다. 예나 지금이나 괴담은 사람들의 많은 관심을 받는다. 20여 년 전 내가 어렸을 때는 '입 찢어진 여자' 괴담이 유행했었다. 사고로 입이 길게 찢어져서 항상 마스크를 하고 다닌다고 해서 '빨간 마스크'라는 별명도 있었다. 이 괴담은 단순했는데, 길 가는 사람을 붙잡고 "나 예뻐?"라고 물어본다고 했다. 예쁘다고 대답하면 "너도 예쁘게 해줄게." 안 예쁘다고 하면 "너도 당해 봐."라고 하며 입을 찢는 황당한 여자의 이야기였다. 지금 생각하면 황당무계한 이야기지만 그 당시에는 굉장히 심각하게 받아들였던 기억이 난다. 그래서 그 여자를 물리친다는 주문을 중얼거리며 다니기도 했다. 20년이 지난 지금도 괴담은 그 형태를 바꾸어 여전히 사람들의 입에 오르내리고 있다. 그것도 더욱 현실적으로 바뀌어서 사람들을 공포로 몰아넣기도 한다.

뜬금없이 괴담 이야기를 해서 의아할 것이다. 국어 공부법 이야기를 할 차례인데 왜 괴담 이야기를 하지? 이걸 주제로 논술 과제라도 내려 하나? 이런 의문이 들 수도 있다. 내가 국어 공부 이야기에 괴담 이야기를 한 이유는 간단하다. 모든 공부법 중에서 가장 괴담에 가까운 헛소문이 퍼져 있는 과목이 국어이기 때문이다.

"국어는 타고난 아이들만 잘하기 때문에 공부해도 별 소용이 없다."
"국어는 원래 공부해도 안 오르고 안 해도 딱히 안 떨어진다."
"국어는 책만 많이 읽으면 된다. 누구는 판타지 소설만 엄청나게 읽었는데 수능 만점 나왔다더라."
"논술은 서울에서 족집게 과외만 받으면 아무도 이길 수 없다."
"국어는 그냥 감으로 푸는 과목이다."

국어가 가지는 이상한 특징은, 영어나 수학은 그래도 무언가 희망적인 이야기들로 생각이 흘러가지만, 국어는 자포자기의 말들로 생각이 이어진다는 것이다. 수학은 "문제만 많이 풀면 된다." 영어는 "단어만 많이 외우면 된다."로 "~면 된다."라는 말이 있지만, 국어는 그런 게 없지 않은가? 해 봤자 안 되니까 포기하라는 말들이 대부분이다. 국어 과목의 괴담은 조금은 한 점을 향해 있다. 국어는 공부해도 별 소용 없다는 것이다. 과연 정말로 국어는 공부가 소용없는 과목인가?

결론부터 이야기하자면 답은 '아니다.' 이다. 세상에 공부했는데도 점수가 안 오르는 과목이 어디 있겠는가? 국어도 공부하면 점수가 오른다. 문제는 공부를 제대로 하지 않아서 점수가 오르지 않는 학생들이 많다는 것이다. 그리고 학생들이 공부를 완전히 잘못하고 있는 것에는 다른 과목과 구별되는 국어만의 특징이 있음에도 불구하고, 그저 다른 과목 공부하듯이 똑같이 공부에 임하고 있는 학생들이 자리하고 있다.

지금부터 내가 제시하는 공부법을 보고 약간은 고개를 갸웃할지도 모른다. 정말 이런 것이 국어 공부인가? 이런 생각도 들 수 있다. 하지만 믿고 따라와라. 2개월 후에는 왜 저런 소문들이 돌고 있는지 확실히 알게 될 것이다.

국어 공부에서 가장 중요한 것은 최고의 교재를 구하는 것이다.

만일 이런 책이 있다고 가정해보자. 이 책은 수능 고수들이 모두 입을 모아 최고의 교재라고 말하는 책이다. 이 책의 저자는 국내 최고의 석학들인 교수님들이고, 최고의 실력으로 꼽히는 현직 교사들이 학생들의 실력을 고려하여 적절한 난이도가 되게끔 검토한다. 이 책에 실려 있는 지문들은 완벽한 문장들이며, 아주 모범적인 구성을 갖추고 있다. 수록된 문제들은 분석하면 할수록 감탄이 절로 나오는 최고의 질을 갖춘 문제들이다. 수능 만점자들도 국어 공부를 위해 딱 하나의 교재를 본다면 이것을 보겠다고 한다. 심지어 어떤 학생은 연계교재 하나도 안 보고 이 교재만 보더라도 수능 만점은 문제없다고 주장한다. 그리고 활용 방법에 따라 최고의 논술 교재가 될 수 있다고도 한다.

이런 책이 있다면 얼마를 주고 사겠는가? 아마 10만 원이 넘어가는 고액이 매겨지더라도 날개 돋친 듯 팔려 나갈 것이다. 극단적인 가정이지만, 100만 원 정도 하더라도 기꺼이 사서 볼 사람들은 넘쳐 날 것이다.

놀라운 것은 이 교재가 실제로 존재한다는 것이다. 그것도 무료로 말이다. 그리고 또 놀라운 것은 이 교재가 그 위력에 비해 그다지 좋은 대접을 받고 있지 못하다는 것이다. 이미 눈치챈 학생들이 있겠지만, 이 교재는 '수능 기출문제'이다. 한국교육과정평가원 홈페이지에 가면 누구나 무료로 내려받아서 쓸 수 있다. 그럼에도 불구하고 수능 기출문제는 공부법에 대한 정보가 조금이나마 있는 학생들 위주로만 보고 있는 것이 현실이다. 수능을 앞둔 수험생들은 여기저기서 중요하다고 하니까 뒤늦게 풀어보기는 하지만 역시 겉핥기 정도로만 활용하다가 급한 마음에 EBS 연계 교재만 역시 겉핥기로 보고 들어가곤 한다. 하지만 수능 기출문제를 이런 식으로 활용하기에는 너무나 아까운 교재이다.

수능 기출문제 활용과 분석에 대해서는 이것을 주제로만 서술해도 책 한 권은 나올 분량이기 때문에 여기서는 담지 않겠다. 다만 수능 기출문제를 활용해서 수능을 대비하기 위한 가장 기본이 되는 실력을 닦는 방법을 서술하겠다. 말 그대로 생기초를 닦기 위한 방법이다. 하지만 우습게 봐서는 안 된다. 여기 제시하는 방법만 제대로 실행해도 1등급으로 치고 올라가기 위한 기반은 충분히 닦을 수 있다. 그리고 이것만 실행해서 2등급 이상의 급격한 점수 상승을 이루는 학생들이 분명히 있을 것이다. 그리고 협박처럼 들릴지 모르겠지만, 여기서 제시하는 방법을 실행하지 않고 국어에서 높은 등급의 점수를 얻을 생각은 하지 않는 것이 좋다. 이건 분명한 경고다. 비유하자면 라면을 제대로 끓이기 위해서 물을 어떻게 조절할지, 스프를 얼마나 넣을지, 부재료를 얼마나 쓸지, 면을 얼마나 익힐지 등등을 논의하기 위해서는 반드시 거쳐야 하는 단계이다. 바로 물을 붓는 단계이다. 물 없이 라면을 끓일 수는 없지 않은가?

도대체 무엇이 국어 점수를 만드는 것일까?

세 가지 질문을 던져보겠다. 속으로 답해 보길 바란다. 첫 번째 질문이다. 수학은 어떤 학생들이 잘하는가? 두 번째 질문이다. 영어는 어떤 학생들이 잘하는가? 몇 가지 대답이 떠오를 것이다. 수학의 경우에는 이런 대답들이 떠오를 것이다. 선행 학습을 잘한 아이들. 문제를 많이 풀어본 아이들. 좋은 학원이나 과외를 하는 아이들. 정석을 본 아이들. 개념이 튼튼한 아이들 등등. 영어는 어떠한가? 영어권 국가에 살다 온 아이들, 어려서부터 영어 교육을 많이 받은 아이들, 단어를 많이 아는 아이들, 영문법 책을 몇 번 본 아이들 등등 이런 대답들이 나올 것이다.

하지만 세 번째 질문에는 훨씬 작은 범위의 답이 나올 것이다. 어떤 학생들이 국어를 잘하는가? 가장 많은 대답은 이것이다. 책을 많이 읽은 아이들. 사실 독서량이 많은 아이가 대체로 국어 점수가 좋은 편이긴 하다. 그런데 도대체 왜? 왜 책을 많이 읽은 아이들의 국어 점수가 높은 것일까? 그 아이들이 국어 시험에 나오는 논설문이나 설명문을 많이 읽는 것도 아니다. 심지어는 그냥 판타지 소설이나 연애 소설을 많이 읽는 아이들도 국어 점수가 좋은 경우가 많다. 정말 국어랑 별로 상관없는 독서인데도 말이다. 이제 그 비밀을 파헤쳐 보자.

나는 국어 시험에 대해서는 참으로 할 말이 많다. 고3 시절, 4월 모의고사까지 4~5등급의 점수를 벗어나질 못했다. 그러다 2주 만에 백분위 만점에 해당하는 점수를 얻었다. 그리고 역대 수능 중 가장 어려웠다는 수능에서 역시 백분위 만점에 해당하는 변환표준점수를 얻었다. 하지만 다음 해 수능에서 무너지며 참패를 당했다. 그리고 절치부심해서 준비했던 수능에서 다시 1등급을 얻었다. 10년간 쉬지 않고 했던 국어 과외를 통해서 만점자를 배출하기도 했다. 어떻게 보면 내 20대는 국어로 점철되어 있었다고 해도 과언이 아니다.

10년간 정말 많은 고민이 있었다. 도대체 무엇이 아이들의 국어 점수를 만드는 것인지. 도대체 나는 왜 성공했으며 또 실패했었고 어떻게 다시 성공할 수 있었는지. 이 변화무쌍한 국어 점수를 만드는 동력은 무엇인지. 등급별로, 실력별로 아이들에게 무엇을 먼저 공부시켜야 하는 건지. 그리고 그 긴 시간의 고민 끝에 나름대로 국어 점수를 결정짓는 요인을 정리할 수 있었다.

국어 점수를 결정짓는 요소는 딱 하나로 요약할 수 있었다. 그것은

‘독해력’이다. 여기 담긴 의미를 하나하나 짚어보자. ‘독해’라는 두 음절의 단어는 생각보다 많은 것을 담고 있다. 독해를 한자로 쓰면 讀解이다. 讀解에서 ‘讀’은 ‘읽는다’는 의미이다. 그리고 ‘解’는 ‘이해한다’는 뜻이다. 다시 말해 독해는 읽고 이해한다는 뜻이다. 그리고 이것이 국어의 모든 것이다. 너무 허무한가? 그렇다면 조금 더 들어가 보자.

讀을 위해서는 어떤 것이 필요할까? 우리는 국어를 위해서 단순히 글을 읽는 것이 아니다. 꽤 많은 것을 고민하고 생각하며 읽어야 한다. 그리고 그런 고민을 하면서도 긴장의 끈을 놓지 않기 위해서는 꽤 높은 수준의 집중력이 필요하다. 다시 말해 읽기 위해서는 집중력이 필요하다.

解는 어떤 능력이 필요할까? 우리가 글을 이해하기 위해서는 글을 이루고 있는 요소들이 담고 있는 것을 알아야 한다. 바로 글을 이루고 있는 어휘들의 정확한 의미를 알아야 한다. 그래야 글을 이해할 수 있다. 다시 말해 이해하려면 어휘력이 필요하다.

우리가 국어 점수를 올리기 위해서는 읽고 이해하는 능력이 필요하며, 이는 집중력과 어휘력이 뒷받침되어야 한다는 것이다. 그렇다면 우리가 해야 할 것은 자명하다. 다른 것에 신경 쓸 것이 아니라 집중력과 어휘력을 늘리는 것을 먼저 해야 한다. 국어 점수가 제대로 안 나오는 학생들은 보통의 학생들보다 글을 읽는 집중력과 어휘력이 떨어지는 경우가 대부분이다. 그럼에도 불구하고 공부를 한답시고 이 두 가지 능력과는 무관한 문제만 푸는 것에 죽으라고 연습한다. 그러니 공부를 해도 점수가 안 나오는 것이다. 백날 문제 풀어 봐야 글을 제대로 읽지 못하고 이해하지 못하는데 실력이 늘 리 만무하다.

학원에 다녀도 마찬가지다. 한 명의 강사가 여러 명을 지도해야 하는 학원 특성상, 강사가 학생들의 독서 능력이나 어휘력까지 신경 쓸 수는 없는 것이 현실이다. 그래서 학원 수업은 일방적인 문제풀이 및 지문 분석 시범의 장에서 그치고 있다. 애초에 문제를 푸는 것이 근본적 문제가 아니다 보니 학원의 효과를 보는 것이 매우 힘들다. 일부 학원에서 효과를 보는 학생들도 어려서부터 독서 경험이 많아 독서 능력을 갖추고 있던 아이들이 대부분이다. 과외 또한 점수를 올리기 힘든 것은 마찬가지다. 비싼 비용을 내고 과외를 시키는 학부모 입장에서, 그리고 비싼 돈을 받고 가르치는 과외 강사의 입장에서 몇 개월간의 연습을 통해 근본적인 독서 능력을 길러 기본기를 기르는 것을 기다리기가 쉽지 않다. 그러다 보니 과외 또한 문제풀이 시범의 장에서 그치고 있다. 그리고 좀 더 솔직히 이야기하자면 정말 실력 있는 강사와 대학생들을 제외하고는 국어라는 과목에 대한 깊은 이해가 있는 사람들 자체가 매우 드문 편이다.

상황이 이러하니 국어 공부에 대한 괴담이 떠도는 것이다. 어려서부터 책을 많이 읽은 아이들은 읽는 것에 익숙하다. 판타지를 읽었건 소설책을 읽었건 간에 문자로 이루어진 줄글을 읽고 이해하는 행위 자체가 굉장히 익숙하다는 의미다. 그러니 시험에 새로운 지문이 나와도 그다지 거부감을 느끼지 않는다. 읽는 것이 편하기 때문이다. 그리고 책을 많이 읽은 아이들은 많은 어휘의 다양한 용례를 봐왔기 때문에 어휘력도 매우 좋은 편이다. 어휘가 가진 여러 의미 중 해당 어휘가 등장한 문장의 문맥상 가장 적절한 뜻으로 이해하는 능력이 좋다는 뜻이다. 다시 말해 책을 많이 읽은 아이들은 집중력도 좋고 어휘력도 좋아서 따로 공부를 안 해도 국어 점수가 높은 경우가 많다. 그리고 책을 많이 읽지 않은 아이들은 이 두 가지 능력에 집중하지 못하기 때문에 공부해도 점수가 오르지 않는다.

이제 국어라는 과목에 대한 이해가 조금은 되는가? 그렇다면 이제 어떻게 공부해야 집중력과 어휘력을 기를 수 있을지에 대해 알아보자. 준비물은 아주 간단하다.

> ● **준비물** ●
> - 수능 기출 지문(프린트도 좋고, 출판 교재도 좋음)
> - 휴대 가능한 단어장
> - 국어사전

1) 집중력을 훈련하자.

국어 공부에서 가장 안타까운 것 중 하나이다. 학생들이 공부할 결심을 하면 문제집부터 자꾸 산다. 그러고는 무작정 풀기 시작한다. 그러고는 곧 어려움을 느낀다. "아, 글 너무 어렵다. 포기할까?" 하지만 어렵게 결심한 공부, 이렇게 쉽게 포기할 수는 없다. 그리고 억지로, 억지로 어려운 글을 다 읽고 문제를 푼다. 문제가 풀릴 리가 없다. 더군다나 국어는 지문 하나에 문제가 2~3개씩 딸려 나온다. 지문을 제대로 안 읽어서 다 틀려 버리는 경우가 허다하다. 그렇지만 계속해서 포기하지 않고 덤빈다. 점수는 오르지 않는다. 점점 지쳐간다.

명심하자. 공부에 대해 아무리 굳은 결심을 하더라도, 그것이 곧 집중력으로 이어지지는 않는다. 어디서 많이 본 문장인가? 기억을 못 한다면 반성하자. 2장에서 다룬 내용이다. 이는 국어 공부에서도 마찬가지다. 국어 시험지를 받으면 생전 처음 보는 시, 전혀 관심도 없는 분야의 줄글을 보고 '이걸 도대체 내가 왜 보고 있어야 하나.', '이건 또 무슨 소리야.' 이런 생각부터 하고 있는데 글이 머리에 들어올 리가 없다. 승부의 8할은 자신감이다. 이렇게 위축되고 쫄아붙어서 들어가는데 시험에서 이길 리가 없다. 쫄지 않는 것이 중요하다.

다음에서 제시하는 해결책을 반드시 실행하기 바란다. 어떻게 보면 시험 문제 푸는 것과는 아무 상관 없어 보이고, 이걸 한다고 실력이 늘까 싶을지도 모른다. 또, 막상 시작해보면 생각보다 너무 어려워서 좌절할지도 모른다. 그렇지만 아무도 하지 않는 이 특별한 방법이 당신의 독서 능력을 비약적으로 발전시켜 줄 것이다. 적어도 수능에 관한 독서 능력에서만큼은 말이다. 남들이 10여 년간에 걸쳐 쌓은 독서 능력을 따라잡는 것이 쉬울 리가 없다. 그러니 각오하고 시작하자.

호랑이를 잡으려면 호랑이 굴에 들어가야 한다. 우리가 궁극적으로 높은 점수를 얻어야 하는 시험인 수능 시험의 지문을 활용하여 독서 능력을 높여보자. 앞서도 이야기했지만, 여러분의 근본적인 문제는 글을 읽는 행위 자체에 익숙하지가 않다는 것이다. 더군다나 독서가 익숙한 아이들도 읽기 어려워하는 수능 수준의 지문이라면 그 문제는 더욱 심각해진다. 그러니 우리는 아예 수능 지문을 가지고 지문 적응력을 높여보자는 것이다.

실행해야 할 것은 간단하다. 매일, 하루 80분, 수능에 출제되었던 지문들을 정독하는 것이다. 범위는 일단 비문학 지문만으로 한다. 여기서 정독이라는 것은 '글이 무슨 내용을 이야기하는지 완전히 이해할 수 있을 정도'를 이야기한다. 즉, '도대체 뭔 소리야?'가 아니라 '아, 이런 소리구나.'라는 말이 나올 정도로 보는 것이다. 80분의 의미는 실제 수능에서 국어 시험이 치러지는 시간이다. 이를 통해서 두 가지에 익숙해져야 한다. 첫째는 수능 출제 난이도 정도의 지문을 읽는 것에 익숙해지는 것이고, 둘째는 몸이 '일단 국어 공부를 시작하면 80분간은 무조건 집중한다'는 것에 익숙해지는 것이다.

생각보다 80분간 국어 시험을 집중해서 본다는 것은 쉽지 않은 일이다. 실제로 수능 시험장에서는 이에 더해 극심한 긴장감까지 안고 시험을 치러야 한다. 실전에 들어가면 평소보다 더욱 긴장감이 커지는 학생들이 많다. 안 그래도 체력 소모가 많은 것이 시험인데, 긴장감까지 더해진다면 얼마나 체력 소모가 클지는 굳이 설명하지 않아도 알 것이다. 언론과 전문가들이 수능 시험 당일에는 열량이 높은 초콜릿 등을 준비하라고 하는 이유도 시험을 보며 일어나는 엄청난 체력 소모 때문이다. 더군다나 국어는 수능 1교시이다. 국어 한 과목뿐 아니라 시험 전체의 성패를 좌우하는 것이 수능 국어이다.

1993년도에 치러진 1차 94수능(94수능은 두 번 치러졌다.) 문제부터 작년 수능과 평가원 지문까지 합치면(평가원 모의평가는 2002년 9월 처음 치러졌다.) 꽤 많은 분량의 지문이 모인다. 이 지문들을 하루 80분씩 모두 정독하고 나면 어려운 글을 읽는 것에 꽤 익숙해진 자신을 발견하게 될 것이다. 국어 지문을 보는 것에 대한 거부감을 없애는 것만으로도 10점 가까운 점수 상승효과를 얻을 수 있다. 또한, 시간 단축 효과 또한 체감할 수 있다. 여기에 다음 2)번의 어휘력 향상 훈련까지 더해진다면 단순히 국어 실력 향상 이상의 효과가 기다리고 있을 것이다. 그 파급력은 엄청나니 기대할 만하다.

2) 어휘력을 훈련하자.

사람의 똑똑함을 판단하는 기준은 여러 가지가 있다. 하지만 그중 내가 가장 합리적이라 생각했던 것 중 하나가 있다. 그것은 '얼마나 많은 어휘를 적절하게 사용할 수 있느냐' 라는 것이다. 사람의 똑똑함을 판단하는 기준이 될 수 있을 만큼, 어휘라는 것은 중요한 의미를 가진다.

수능 국어는 철저한 이해 싸움이다. 글의 이해에서 가장 중요한 것은 어휘가 가진 정확한 뜻을 아는 것이라 이미 설명한 바 있다. 하지만 그 중요성에 비해 우리의 인식은 너무나 떨어진다. 영어 단어장을 들고 다니며 외우는 친구들을 보는 것은 어렵지 않지만, 국어 단어장을 만들어서 보는 친구들은 찾기가 어렵다. 영어 사전 활용을 위해 수십만 원을 호가하는 전자사전을 사는 친구들은 많지만, 국어 사전을 위해 단돈 몇천 원 투자하는 친구를 찾기는 쉽지 않다.

이는 모두 우리가 국어 어휘를 잘 안다고 착각하는 데서 온다. 그렇지만 막상 하나의 어휘를 놓고 국어사전을 찾아보면 우리가 생각하는 만큼 우리는 우리말을 정확히 알지 못한다는 것을 알 수 있다. '도의적', '애상', '양시론', '대승적' 등의 단어에 대해서 설명할 수 있는가? 물론 대강 어느 정도 의미인지 정도는 알 수 있다. 하지만 이렇게 대강 아는 정도의 어휘들의 비율이 높아질수록 글 자체에 대한 이해도는 떨어질 수밖에 없다. 그리고 이는 국어 문제를 푸는 시간은 늘리고, 문제의 정답률은 떨어뜨린다. 그러니, 우리는 이제 국어 어휘도 중요하게 생각하고 공부하자. 영어 단어만큼 말이다.

하는 방법은 간단하다. 영어 단어장 정리하듯이 국어 단어장을 정리하면 된다. 뒷장의 카드 암기법을 보면 이제 기존에 쓰던 영어 단어장은 찢어 버리고 싶어질 테지만, 좀 참도록 하자. 이제 영어 단어장을 국어 단어장으로 쓰게 될 것이다.

앞서 수능 기출 지문을 정독하기로 했다. 지문을 읽다 보면 고개를 갸웃하게 만드는 어휘들이 있을 것이다. 하나도 없다는 것은 말이 안 된다. 부끄러운 이야기지만 수능 기출을 그렇게나 파면서 살았던 나도 아직 그런 단어들이 심심치 않게 등장하기 때문이다. 그런 어휘들을 단어장에 옮기고 사전을 통해 그 정확한 뜻을 적으면 된다. 여러 개의 의미가 있는 단어는 해당 지문에 쓰인 의미만 적으면 된다. 다르게 활용될 경우에는 또 발견해서 적으면 되기 때문이다.

그리고 또 하나 중요한 것, 바로 문제와 선지에 등장하는 어휘를 적는 것이다. 지문에 익숙지 않은 어휘가 등장할 때는 문맥상 의미로 유추라도 할 수 있다. 하지만 선지나 문제에 모르는 어휘가 등장하면 그야말로 끝이다. 그 문제는 날려버릴 수밖에 없다. 하지만 다행인 것은 수능 시험에서 문제와 선지에 활용되는 어휘는 거의 정해져 있다. 그렇기에 역대 수능에 등장했던 문제와 선지의 어휘만 제대로 익혀 놓으면 걱정할 필요가 없다.

이제 어휘를 정리했다면 주기적으로 복습하는 것이 필요하다. 국어 어휘장의 복습법은 약간 특이하니 주목하기 바란다. 국어 어휘의 뜻을 토씨 하나 안 틀리고 암기할 필요는 없다. 국어 어휘장의 복습은 예문 만들기를 통해 하면 된다. 매일 단어장을 보면서 그 어휘의 뜻을 활용한 예문을 만들어 보자. 적지 않아도 좋다. 그냥 머릿속에서 만들어 보면 된다. 우리말 단어를 사전 그대로 정의를 외우기 위해서는 영어 어휘와 비교하면 굉장히 긴 시간이 필요하다. 외우기 위해 연습장에 적고 그런 시간을 생각해보면 그건 더할 나위 없는 시간 낭비가 된다. 하루도 빼놓지 않고 쓰는 우리말이다. 이 정도로 충분하지 너무 많은 시간 투자는 하지 말자.

미리 설명하지는 않았지만, 여러분이 이 두 가지 과정을 거치면서 얼마나 많은 것을 해내고 있는지를 설명하기 위해 덧붙인다. 국어 시험 점수를 결정하는 능력은 독해력이라 이야기했다. 수능 국어를 준비하면서 이 독해는 조금 더 세분화할 수 있다. 그것은 지문 독해, 문제 독해, 선지 독해이다. 사실 수능 국어 공부는 이 세 가지가 전부라 해도 과언이 아니다. 여러분은 이 공부를 통해 이들 독해 중 50% 정도의 공부를 이미 마쳤다고 봐도 좋다. 1), 2)번만 제대로 실행해도 지금 당장 고3이 되더라도 수능 1등급을 노리기에 충분한 실력이 되는 것이다. 아직 고1, 2에 해당하는 학생들은 고3이 되고 나에게 진정 고마워하게 될 것이다. 그만큼 수능 국어를 위한 기본기를 쌓기가 쉽지 않기 때문이다.

3) 국어 문제집을 푸는 방법

앞서 문제집 활용법을 본 학생들은 이제 제대로 문제집을 풀고 있을 거로 생각한다. 4장에서 미리 살짝 언급했다. 국어-영어-수학 문제집 활용법은 따로 다룰 것이라고 말이다. 국영수는 기타 암기 과목과는 약간 다른 전략을 통해 문제를 풀면 훨씬 높은 실력 향상을 이룰 수 있다.

국어 문제집을 활용하는 방법은 다른 과목들과 가장 많은 차별점을 가지고 있다. 그 이유는 국어 과목이 다른 과목들과 확연히 구분되는 특징이 있기 때문이다. 그 가장 큰 차이점은 다음과 같이 설명할 수 있다. '국어는 과정을 공부해야 하는 과목' 이라는 것이 그 차이점이다.

수학은 공식 하나를 외우면 문제 하나를 더 풀 수 있다. 영어는 단어와 문법 하나를 공부하면 해석하는 문장이 늘어난다. 기타 암기 과목들이야 공부와 득점 간의 관계가 더 간단하다. 하지만 국어는 사고의 과정이 잘못되면 가진 지식과는 별개로 문제의 득점 확률이 현저히 떨어진다. 그렇기에 국어 문제집을 풀 때는 이 사고과정을 다져 나가는 것이 중요하다.

그 사고 과정을 다져 나가는 문제집 활용법은 다음과 같다.

① 지문을 정독한다.

② 문제를 열심히 푼다.

③ 문제를 풀 때 시간을 한정하지 않는다. 대신 '이 문제의 답을 이것으로 하는 이유를 설명할 수 있을 때까지 충분히 고민한다. 시간이 아무리 많이 걸려도 좋다.'

④ 채점한다.

⑤ 틀린 문제가 나오면 문제 옆에 '이 문제의 답을 이것으로 고른 이유' 를 적는다.

⑥ 틀린 문제를 다시 한 번 풀어본다. 다시 풀어서 맞았을 경우, ⑤번에 적은 것에서 잘못된 것을 찾아 수정해 본다.

⑦ 다시 한 번 풀어도 안 풀릴 경우 해답을 참조한다. 해답의 풀이 과정을 보고 내 풀이과정 중 잘못된 점을 수정한다.

위의 과정에서 주목할 부분은 '답을 고른 이유'를 적는 것이다. 여기 내가 문제를 푸는 데 담겨 있는 사고 과정이 고스란히 녹아 있다. 이 부분에 대한 고민이 없이는 절대로 실력을 늘릴 수 없다. 다른 문제집을 풀 듯 문제 옆에 해설 내용을 단순히 옮겨 적는다고 바뀌는 것이 없다. 다른 과목들은 한 번 다루었던 내용이 거의 비슷하게 반복 출제된다. 중요 개념들은 정해져 있고 이는 형태만 바꾸어 계속해서 다룬다. 그렇지만 수능 국어는 그렇지 않다. 반복해서 출제되는 것은 정답을 이끌어내는 사고 과정이지 내용이 아니다. 그러니 이미 출제된 내용을 백날 들이 파봐야 얻는 것이 없다. 수능 기출분석을 강조하는 것도 이와 같은 이유다. 기출문제에 담겨 있는 문제풀이 사고 과정은 계속해서 반복된다. 그렇다면 우리가 문제집을 풀며 연습해야 하는 것은 어떤 것인지 명확해진다.

추천 교재는 다음과 같다. 수능 기출문제, 평가원 기출문제, 교육청 기출문제, EBS 연계 교재이다. 일반 사설 문제집 중 좋은 교재들도 있지만, 현실적으로 위의 교재들을 다 보는 것만 하더라도 매우 버거울 것이다.

4) 피해야 할 것들

국어 과목의 경우, 뚜렷한 공부법을 제시할 수 있을 정도의 실력을 갖춘 콘텐츠 전문가가 매우 드물어서 비합리적인 사교육과 부모의 어긋난 학습 강요가 넘쳐나고 있다. 그중 대표적인 사례 세 가지를 이야기하려 한다. 이것들에 대해선 길게 설명할 필요도 없다. 제발 좀 하지 말자!

① 논술에서의 배경지식 강의

입시에서 논술이 차지하는 비중이 매우 커졌다. 그렇다 보니 어떻게든 일찍부터 논술을 대비하기 위해 많은 투자가 이루어지고 있으며, 각종 형태의 논술 학원과 과외가 성행하게 되었다. 그중 정말 치밀한 분석을 바탕으로 감탄할 만한 콘텐츠를 제공하는 사교육도 있지만, 그렇지 않은 사교육 비율이 훨씬 높은 것 같아 너무나 안타깝다.

논술에서 대표적으로 쓸데없는 돈 낭비 사례로 손꼽는 것은 배경지식 강의다. 논술고사에서 다양한 철학 사조나, 현대 철학에 대한 출제가 늘다 보니 이에 대해 직접 강의를 하는 것이다. 예를 들어 전년도 A 대학 논술 지문에서 아비튀스(habitus)라는 개념이 나왔고, B 대학에서는 밈(meme)에 대한 언급이 있었고, C 대학에서는 니체에 대해 출제되었다고 가정해 보자. 그러면 학원에서는 이 개념에 대해서 가르치는 것이다. 평소 이러한 철학적 주제에 대해 연구 한 번 안 해본 사람들이 내용을 제대로 가르칠 리도 없거니와, 학생들이 제대로 알아들을 가능성도 없고, 그 내용이 출제될 가능성은 더더욱 없다. 더 큰 문제는 설령 출제된다 하더라도 높은 점수를 얻는다는 보장이 없다.

논술은 글을 잘 쓰는 싸움이 아니다. 누가 더 배경지식이 많은가의 싸움도 아니다. 논술 시험도 엄연히 채점 기준이 존재한다. 즉, 정답과 오답이 있는 시험이란 의미다. 문제에서 요구한 대로 풀어내면 득점하는 것이고, 그렇지 못하면 틀리는 것이다. 그런데 이 과정에서 배경지식 강의는 아무짝에도 쓸모가 없다. 우리가 논술을 공부하며 익혀야 할 것은 문제를 어떻게 이해하고, 문제에서 요구하는 것을 어떻게 서술해야 하는가이다. 문제에서 요구하지도 않은 철학적 지식을 늘어놓는다고 절대 좋은 점수를 얻지 못한다는 것이다. 더구나 철학을 전공하신 교수님들이 채점하실 때, 철학에 대한 어설픈 지식을 늘어놓아 봤자 비웃음만 살뿐이다.

이런 학원에 다닐 시간에 차라리 수능 기출 지문을 필사하는 훈련을 하는 것이 훨씬 낫다. 좋은 글 구성력과 탄탄한 논지 전개를 익힐 수 있다. 제발 쓸데없이 돈과 시간을 낭비하지 말자.

② 속독

국어 시험에서 학생들이 느끼는 시간에 대한 압박은 매우 크다. 지문 하나에 딸린 문제들이 워낙 많기 때문일 것이다. 시간이 부족하면 포기해야 하는 문제의 수가 다른 과목들에 비해 많다. 이에 대해 다음과 같은 결론을 내리는 사람들이 많다.

"지문을 빨리 읽으면 시간이 남겠구나!"

물론 이해는 한다. 국어 시험지를 딱 보면 지문이 차지하는 비중이 가장 크기 때문이다. 그래서 자연스레 관심이 몰리는 곳이 있다. 바로 속독이다. 속독은 10분이면 책 한 권을 읽는다, 1분에 몇만 자를 읽는다, 이런 자극적인 말로 학생들을 유혹한다. 속독이라는 것 자체를 부정하는 것은 아니다. 나는 못 하지만 그걸 잘하는 사람들은 분명 있을 수 있다.

그렇지만 명심해야 할 것은, 국어 시험은 지문 빨리 읽는다고 잘 볼 수 있는 시험이 아니라는 것이다. 글을 제대로 읽는 것이 필요하지, 빨리 보는 것이 필요하지 않다. 더군다나 우리가 읽어야 할 글은 우리 수준보다 높은 글이다. 대학 교육까지 받은 나도 온전히 글을 이해하며 읽는 것이 마냥 편하지는 않다. 그런 글을 빨리 읽는다고 제대로 이해할 수 있을 리가 없다. 오히려 이해력은 떨어질 것이다.

국어 시험의 시간은 지문을 읽는 속도에서 결정되는 것이 아니다. 문제를 푸는 시간에서 결정되는 것이다. 지문을 읽는 시간은 개인차가 심한 부분이다. 그리고 전략적인 수능 맞춤형 독해를 통해서 시간을 아무리 줄인다 하더라도 한계가 있다. 나머지는 문제를 푸는 시간에서 결정되는 것이다. 또한 정답률이 떨어진다면 오히려 지문을 읽는 시간에 더 많은 시간을 투자해야 한다. 이런 실험을 해보면 더 이해가 빠를 것이다. 수능 국어 지문을 두고 시간을 무제한으로 가지고 문제를 풀어보자. 100점 맞기가 절대 쉽지 않다. 즉, 국어 시험에 있어 시간은 절대적인 문제가 되는 것이 아니라는 의미이다.

단언컨대, 수능 국어에서 속독 교육은 아무런 도움이 되지 않는다. 엄청난 독서를 통해 저절로 익히게 된 속독이 아니라면 절대 권하고 싶지 않다. 시간이 모자란다면 제대로 읽을 생각을 해야지, 더 빨리 읽을 생각을 해서는 안 된다.

③ 수준에 맞지 않는 독서

앞의 내용을 통해 국어 시험에서 독서량이 많은 사람이 유리한 이유를 이제는 제대로 알게 되었을 것이다. 독서가 많은 것은 분명 공부에 있어 매우 유리하다. 그 공부가 어떤 과목이건 간에 말이다. 그렇다 보니 어려서부터 아이들에게 독서를 권하는 부모님이 많다. 그런데 그 권유가 상당히 당황스러운 형태를 보이고 있는 경우가 심심치 않다.

강남의 한 학부모님이 아이에 대한 학습 컨설팅을 의뢰하신 적이 있다. 강연을 듣고 아이에게 책을 많이 선물하고, 부모님도 책을 많이 읽는 모습을 보여주고 있는데 아이가 도통 책에 관심을 두지 않는다는 것이었다. 아이와 부모님의 사이가 극도로 나빠져 있다는 이야기까지 듣고 한 번 방문해서 아이를 만나 보기로 했다. 그리고 아이의 책상을 본 순간 할 말을 잃고 말았다. 아이의 책상에 꽂혀있던 책들은 《군주론》, 《젊은 베르테르의 슬픔》, 《파우스트》, 《차라투스트라는 이렇게 말했다》, 《자유로부터의 도피》 등의 책이 꽂혀 있었다.

책장을 보고 부모님께 이렇게 이야기했다.

"어머님, 이러면 책 읽기 좋아하는 명문대생을 앉혀 놔도 진저리 치고 도망가겠어요."

도대체 어떻게 이런 책을 중학생 아들에게 권해줄 수 있는지 도저히 이해가 되질 않았다. 그저 독서가 좋다니까, 위의 책들이 유명한 도서라니까 자세히 알아보지도 않고 사서 읽기를 강요하는 전형적인 그림이었다. 철학을 전공하는 대학생들도 읽기 버거워하는 책에 중학생이 관심을 보일 리가 없다. 더군다나 《젊은 베르테르의 슬픔》은 유부녀를 사랑한 청년이 끝내 자살하는 내용인데 이걸 알고서도 책을 권해줄지 상당히 의문스럽다. 차라리 중학생에게는 《해리포터》 시리즈를 사주고 읽으라고 하는 것이 훨씬 좋다.

책에 대한 거부감만 높여주는 내용이라면 차라리 보지 않는 것을 권해 주고 싶다. 그것처럼 무의미한 독서가 없다.

8. 수학 공부법

수학에 대한 편견을 박살 내고 1등급의 기본을 닦는 비법

난 수학을 정말 못했다. 수능에서 수학 1등급을 받았던 내가 이런 이야기를 하면, '못해 봤자 얼마나 못했겠어? 그래도 2~3등급은 받았겠지.'라는 생각을 하는 학생들이 많다. 그 심정 나도 이해한다. 솔직히 명문대생들이 '나도 공부 못했다.'라고 해놓고 전국 10% 안에 드는 성적으로 좌절했다는 이야기를 들으면 짜증부터 치밀어 오른다. 평생 공부 못한다고 이야기 한 번 못 들어 보고 중위권~하위권 학생들에게 이렇게 하라, 저렇게 하라 하는 꼴은 정말 보기 불편하다. 그 심정은 겪어 본 사람만이 알기 때문이다. 이제 내 과거 이야기를 해보려 한다. 수학 때문에 얼마나 갖은 시련을 겪어야만 했는지, 얼마나 마음고생을 했는지를. 그래야 내가 제시하는 수학 공부의 길에도 믿음이 생기지 않겠는가?

난 왜 공부해도 안 되는 걸까? 난 정말 공부해도 안 되는 건가?

중학교 1학년 첫 중간고사, 80점대의 점수를 받고 무난히 시작했다. 이 정도 점수면 그래도 괜찮다 생각했다. 그리고 다음 시험은 더 잘 볼 거로 생각했고, 90점을 넘을 수 있을 거로 생각했고, 반 석차도 오를 거로 생각했고, 수학 잘한다 소리를 들을 거로 생각했고, 집에서도 엄청난 칭찬을 받을 수 있을 거로 생각했다. 그리고 그 예상은 전부 다 틀려 버렸다. 1학기 기말고사 수학 점수는 46점이었다. 반타작도 못 한 것이었다. 함수와 방정식에 알 수 없는 공포가 생겼고, 그때부터 나의 수학 수난사가 시작된다.

수학 점수를 올리기 위해 여러 방법이 동원되었다. 방학 기간 대학생이었던 누나에게 수학을 배우기도 했고, 동네 단과 학원에 다니기도 했다. 그 당시 유행이었던 학습지도 하며 수학 공부량을 늘려갔다. 그리고 2학년이 되었고, 지지부진한 점수 덕분에 1학기도 60점대 점수에 허덕이며 흘려보냈다. 그리고 여름방학 동안 특단의 조치로 의대생에게 수학 과외를 받게 되었다. 그리고 2학기를 맞이하여 봤던 성취도 평가 시험에서 당당히 92점이라는 점수를 얻게 된다. 그 점수에도 불구하고 나는 불안할 수밖에 없었다. 그도 그럴 것이 시험은 운이 좋게도 여름방학 동안 풀었던 문제집에서 숫자만 바꾸는 수준으로 출제되었고, 나는 그 덕에 92점이라는 점수가 나왔다. 거품은 금방 사라지기 마련이다. 다음 시험에서 나는 30점이 폭락했고, 덕분에 수학 시간에 22대를 맞아야만 했다.

이제 수학은 거부의 대상을 넘어서 공포의 대상이 되었다. 어려운 살림에도 불구하고 학원에, 누나들은 받아 본 적도 없는 과외를, 그것도 의대생에게 받았는데도 불구하고 점수가 오르지 않는다는 것은 엄청난 부담으로 다가왔다. 수학 쪽지시험과 정기 고사를 볼 때마다 문제를 틀리면 엄청나게 맞던 것도 공포였다. 수학 시험을 볼 때면 극도의 긴장감 탓에, 먹는 음식을 토하기도 했고, 손이 떨려 제대로 마킹을 못 하기도 했다. 이런 상황에서 문제를 제대로 풀 수 있을 리가 없었다. 이 정도의 공포는 3학년 때 인자하신 수학 선생님을 만나며 조금 누그러들긴 했지만, 점수는 전혀 나아지질 않았다.

고등학생이 되기 전, 이번에는 서울대 공대와 의대에 합격한 아버지 친구 아들에게 수학을 배웠고, 종합학원까지 다니며 수학을 예습했다. 이른바 선행학습파가 된 것이다. 그것도 고향에서는 구하기 힘든 과학고 출신 서울대, 포항공대, 의대 합격자인 최고급 선생님에게. 그렇지만 역시 수학 점수는 전혀 나아지질 않았다. 고향에서 가장 큰 종합학원에 다녔지만, 전혀 효과를 못 보았던 탓에 결국 부모님은 과감한 결단을 내렸고, 학기 내내 의대생에게 수학 과외를 받게 되었다. 정석을 반복해서 여러 번 풀었고, 교과서 문제도 열심히 풀었다. 풀 수 있는 문제들이 늘어나자 자신감이 좀 생겼다.

그리고 치른 고2 첫 모의고사. 28점이라는 아름다운 점수가 내게 찾아왔다. 수학 과외는 계속되었고, 선생님은 수학 전 범위를 떼주고 제 역할을 다 하셨다. 그 덕에 점수는 올랐다. 이제 40점대가 되었다. 5년간 집에서 무리해가며 투자해 주신 결과물이 40점대라는 것은 견딜 수 없을 정도의 자괴감을 주었다. 5등급과 6등급을 오가는 수학 점수. 의대생과 서울대생에게 과외를 받고, 단과와 종합학원을 오가며 수학을 배웠는데, 중학교 때부터 하도 고생해서 제일 많은 시간을 투자했는데 40점대. 그 좌절감은 정말 겪어 본 사람만

이 알 것이다. 차라리 수학 공부를 아예 안 했으면 덜 했을지 모른다. 하지만 난 항상 수학 공부를 가장 많이 했다. 선행학습도 했고 비싼 사교육도 받았다. 그렇지만 결과는 이 모양이었다.

그렇게 수능을 치렀고, 난 수학과 과학 점수 때문에 재수의 길을 택하게 되었다. 처음부터 공부가 잘 되지는 않았다. 전쟁 같은 고3 생활 1년을 보냈는데 바로 어떻게 하루 10시간이 넘는 공부를 할 수 있겠는가? 공부 워밍업을 한다는 핑계로 독서실에 다니며 책을 읽기 시작했다. 아침이면 독서실에 가서 저녁 먹을 때까지 있다 왔다. 하루 종일 책만 읽다 오기에는 재수생의 양심이 허락하지 않았기에 하루 1~2시간 정도 가볍게 수학을 공부했다. 이제 문제를 푸는 것이라면 지겨웠기에, 개념 설명 정도만 읽고 기본 문제만 풀었다. 그렇게 전 범위를 한 번 보는 데 2주 조금 안 되는 시간이 걸렸던 것 같다. 그리고 비극이 펼쳐졌다. 심심해서 풀어 본 모의고사에서 만점이라는 점수가 나온 것이었다.

만점의 수학 점수가 왜 비극일까? 난 오르지 않는 수학 점수 때문에 결국 수능 한 달 반 전부터 수학을 포기했었다. 만일 누군가가 나에게 기본 개념 위주로 수학 공부를 하라고 한 번만 이야기해줬다면, 기본 개념 정독과 기본 문제만 푸는 건 1주일이면 다 할 수 있었는데, 그것만 했다면 내가 재수하지는 않았을 것이기 때문이다. 당시 언어와 외국어, 사회탐구 점수는 굉장히 좋았기 때문에 수학만 1등급 점수가 나왔다면 안정적으로 SKY 입성이 가능했다. 결국 제대로 된 수학 공부법을 몰랐기에 1년의 세월에 더해 굉장히 잘 봤던 국어, 영어, 사회탐구 점수까지도 포기해야 했다.

그러면 도대체 무엇이 문제였길래 수학 점수가 계속 오르지 않았던 것이었을까? 그리고 도대체 무엇 덕분에 2주 동안의 짧은 공부에도 불구하고 수학 점수가 2배 가까이 뛰게 되었을까?

이제 기적 같은 수학 점수 상승의 비결이자 대한민국 학생들이 착각하고 있는 수학에 대한 잘못된 믿음을 알려주겠다. 장담컨대, 이 세 가지 생각만 바로잡고 제시하는 공부를 실천한다면 놀라운 성적 상승을 경험할 것이다. 더불어 수학이 재미있어지는 기적까지 따라올 것이다. 내가 놀라운 것을 알려주기 때문이 아니다. 원래 수학은 그런 것이지만, 단지 몰랐을 뿐이다. 이제 그 기적을 함께 해보자.

수학에 대한 잘못된 생각 바로잡기

수학은 가장 많은 학생이 두려워하는 과목이다. 따라서 수학을 정복하려는 시도는 정말 수도 없이 이루어졌을 것이다. 그에 따라 수학의 성격을 설명하기 위한 노력 또한 뒤따랐지만, 검증되지 않은 이야기들이 너무나 많이 생겨버렸다. 이른바 '카더라'가 공부법에도 스며든 것이다. 이러한 현상이 더 나은 공부법을 찾기 위한 노력의 부산물이기도 하지만, 학생과 학부모의 불안한 심리를 이용해 배를 불리려는 불온한 사교육 쪽의 잘못된 정보 퍼뜨리기로 인한 것이기도 하다. 물론 많은 사교육 종사자분들은 힘든 학생들을 위해 열심히 일하고 계심을 누구보다 잘 알지만, 어느 분야나 그렇듯이 양심적이지 않는 소수가 문제가 되고 있다. 이제 나와 함께 수학에 대한 잘못된 믿음부터 바로잡아 보자. 수학에 대한 대표적인 오해 세 가지만 바로잡더라도 훨씬 효율적이고 정확한 수학 공부가 가능해진다.

1) 수학은 선행학습을 하지 않으면 잘할 수 없다.

한 여학생이 있었다. 그 학생은 너무 떨어지는 수학 성적 때문에 고민이 많았다. 이를 어찌 해결해야 할지 고민을 거듭하다 결국 수학 학원을 찾아 상담을 받기로 했다. 어머니와 함께 수학 학원을 찾은 학생은 곧 상담실로 안내를 받았다. 그리고 어머니는 학부모 상담을, 학생은 따로 학생 상담을 시작했다.

하지만 그 학생이 받은 것은 상담이 아니었다. 상담이라 함은 '문제를 해결하거나 궁금증을 풀기 위하여 서로 의논함.'이라고 정의된다. 이 정의에 따르자면 학생과 학생의 어머니가 받은 것은 상담이 아니라 일방적인 꾸지람이었다. 그랬다. 학원은 학생과 학부모님에게 일방적으로 협박에 가까운 말들을 쏟아냈다.

"왜 아이를 이렇게 뒤떨어지게 놔두셨나요?"
"아이가 이 성적을 받은 것에는 어머님의 책임이 가장 커요."
"어려서부터 관리를 받았어야 했는데 지금 너무 뒤처졌네요."
"네 옆 동네 여학교 애들은 이미 고2 내용까지 진도 다 뗀 거 알아?”

“지금 시기면 이미 전 과정을 두 번은 공부했어야 해.”
“수능에서 1등급 받으려면 이미 진도를 다 끝냈어야 하는 거 알
아?”

처음에는 정말 큰 일이라도 난 것 같은 느낌을 받았다. 심지어 죄
를 지은 것 같은 기분까지도 들었다고 했다. 그렇지만 학원의 이야
기에 믿음을 가질 수 없었던 그 학생은 상담을 마치지 않고 도중에
나와버렸다. 학원에서는 지금이라도 학원에서 공부를 시작하지 않
으면 서울 안에서 대학을 가는 것도 힘들 것으로 말했다. 수학이 발
목을 잡을 것이라 했다. 이것은 거의 협박에 가까웠다.

그 학생은 혼자 힘으로 수학 공부를 시작했다. 기본기를 다시 다졌
고, 어려운 부분은 스스로 깊은 고민을 해가며 포기하지 않고 공부
했다. 그리고 학원에 다니며 선행학습을 하지 않으면 서울에 있는
대학도 가지 못할 거라던, ‘전문가’들의 이야기는 전혀 맞지 않았
다. 그 여학생은 연세대학교 사회학과 합격생 명단에 당당히 ‘서채
원’이라는 이름을 올렸다.

우리나라 학부모들은 다른 학생들보다 미리 배우는 것을 참 좋아
한다. 다른 아이들보다 우리 아이들이 무언가를 빨리 배우면 그것에
너무나 만족스러워하시는 듯하다. 여기에 미리 배워두면 남들보다
더 많은 공부를 할 수 있을 거라는 믿음까지 더해져서 상식에서 벗
어나는 선행학습이 성행하게 된 듯하다. 거기에 ‘대치동 아이들은

고등학교 입학 전에 수 Ⅱ까지는 다 떼고 간다더라.', '고1 때, 고3 과정까지 한 번 다 떼지 못하면 SKY는 힘들다더라.', '1년 이상의 선행학습을 하지 않으면 경쟁에서 뒤처진다더라.' 등의 검증되지 않은 '카더라'가 정설처럼 퍼지면서 선행학습은 필수가 되어버린 듯하다.

하지만 한 번 깊이 생각해봤으면 좋겠다. 정말로 선행학습을 하고 나서 성적이 올랐는가? 남들보다 더 빨리 배운다고 정말로 앞서 갈 수 있었는가? 사실 본질을 벗어난 선행학습은 오히려 수학 성적을 떨어뜨리는 주범이다. 그 이유를 살펴보자.

가장 큰 문제는 선행학습을 하게 되면 시험 범위를 공부하는 시간이 줄게 된다. 예를 들어 1년에 12단원을 공부해야 한다고 가정해 보자. 첫 번째 중간고사는 1~4단원에서 출제될 것이다. 상식적으로 생각해 볼 때, 시험 보기 전에는 1~4단원에 공부량을 집중해야 한다. 하지만 실제로는 그러질 못한다. 왜냐하면 1~4단원 진도 나가는 시간에 5단원 뒷부분을 선행 학습하고 있기 때문이다. 결국 시험 볼 때, 1~4단원에 대해 깊이 공부가 된 상태가 아니라 1~6단원 정도를 어설프게 아는 상태로 시험을 치르게 되는 것이다. 이러니 성적이 제대로 나올 리가 없다. 그리고 기말고사 때 5~8단원에서 문제가 출제되면 이때는 9~10단원을 공부하느라 제대로 집중하지 못하고 시험을 보게 된다. 제대로 시험 성적이 나올 리가 없다.

시험 성적은 해당 시험 범위를 누가 더 꼼꼼히, 제대로, 많이 봤느냐가 결정한다. 어설프게 미리 배운다고 깊이가 더 깊어지는 것이 아니라는 것이다. 더군다나 남들보다 미리 배운다는 사실이 심어주는 얄팍한 자신감은 학교 수업에 대한 집중도를 상당히 떨어뜨린다. 그렇다 보니 시험을 직접 내는 선생님의 말씀에 집중하지 않게 되고, 이는 시험에 상당히 불리한 위치에 서게 하는 것이다.

수학 점수를 제대로 받고 싶다면 반드시 명심하자. 방학을 이용하여 한 학기 정도를 가볍게 선행 학습하는 것 정도는 괜찮다. 하지만 학기 내내 선행을 위한 학원을 다니는 것은 시험에 오히려 독이 된다. 현실에 충실하자. 그것이 현명한 결정이다.

2) 수학은 문제만 많이 풀어보면 된다.

'수학은 5,000문제만 풀어보면 다 거기서 거기이기 때문에 잘할 수 있다. 문제만 죽으라 풀어라.' 이런 말을 한 번쯤은 들어봤을 것이다. 어차피 수학 문제 유형을 만들어 내는 것에는 한계가 있기 때문에 엄청난 양의 문제를 풀어보면 거의 모든 유형을 익힐 수 있고, 그다음은 공부한 유형에서 숫자만 바꾸어 풀 수 있다는 것이다. 결론부터 말하자면 이건 말도 안 되는 이야기다. 수능 등급은 상대적으로 결정된다. 어차피 기존의 유형에서 숫자만 바꾸면 풀 수 있는 쉬운 문제들은 누구나 다 풀 수 있는 것들이다. '신유형'이라 불리는 문제들을 풀 수 있느냐 없느냐가 성패를 좌우하는 것이다.

만일 수능시험이 문제은행식으로 출제되고, 특정 점수만 넘기면 되는 시험이라면 이런 식으로 공부해도 무관하다. 그렇지만 수능 출제 과정만 보더라도 이런 방식의 공부가 얼마나 위험한지 알 수 있다. 출제진과 검토진은 시중에 유통 중인 모든 교재를 가지고 들어간다. 그리고 겹치는 문제를 모두 제외한다. 즉, 시중에 퍼져 있는 문제집을 모두 섭렵하는 것은 '출제에서 제외되는 문제들만 모아서 공부하는 것'이나 다름없는 것이다. 내가 공부한 모든 문제가 출제 고려 대상에서 제외되는 것이다.

물론 많은 문제를 풀면서 수학 실력을 올리는 경우도 있다. 수학 공부에서 많은 문제를 푸는 것의 효과를 부정하는 것은 아니다. 하지만 이런 경우는 대부분 기본기가 어느 정도 다져져 있는 경우이다. 이 경우는 머릿속에 들어있는 기본 지식이 많은 문제를 풀면서 자연스레 이해되고 정리되는 경우이다. 말 그대로 문제를 많이 풀다 보니 실력이 높아지는 경우이다. 그러나 대부분 학생은 이 상황에 해당하지 않는다. 훨씬 큰 비율의 학생들이 기본부터 하나하나 짚어가며 공부해서 이해해야 수학에 대해 깊이 이해할 수 있다. 그냥 무턱대고 100m 달리기를 계속하다 보면 실력이 느는 경우가 많을까 아니면 다리의 각도, 팔의 움직임, 호흡 조절, 출발 자세, 적절한 신발 등에 대해 이해하고 연습했을 때 실력이 느는 경우가 많을까? 물론 후자의 경우가 훨씬 많다. 별다른 교육 없이도 그냥 달리다 보니 기록이 매우 좋은 경우도 있겠지만, 이런 경우는 운동 능력이 뛰어난 인종 외에서 그런 사례를 발견하기란 쉽지 않다.

꼭 기억하자. 기본기 없이 쌓아 올린 실력은 반드시 무너지기 마련이다. 그리고 수능은 기본기 없이 쌓은 실력을 무너뜨리기에 가장 좋은 문제들만 모아 놓은 시험이다.

3) 교과서는 쉬우므로 풀어 볼 필요가 없다.

어느 도시에 굉장히 용한 점쟁이가 있었다. 아무리 공부해도 성적이 오르지 않아 고민이던 종민이는 그 점쟁이를 찾아가 전교 1등이 될 수 있는 비결을 알려달라고 했다. 점쟁이는 전교 1등의 머리카락을 가져와서 부적을 쓰면 그 자리를 차지할 수 있다고 했다. 종민이는 간신히 전교 1등의 머리카락을 구했고 부적을 만들었지만, 성적은 그대로였다. 그러자 점쟁이는 전교 1등의 사진을 가져와서 부적을 만들면 성적이 오를 거라 말했다. 이번에도 종민이는 간신히 사진을 구해왔지만, 역시 성적은 제자리였다. 그러자 점쟁이는 최후의 방법이니 집에 가서 풀어보라며 봉투를 건넸다. 떨리는 마음으로 열어 본 봉투 안의 종이에는 이렇게 적혀 있었다.

‘교과서를 중심으로 예습 복습을 철저히 하라.’

썰렁했는가? 맹세코 웃기려고 쓴 글은 아니다. 실제로 만나보면 나는 꽤 재미있는 사람이다. (아마 앞의 이야기 때문에 믿지 않겠지만, 사실이다.) 위의 이야기가 유행하던 때가 있었다. 그것은 해마다 수능에서 수석을 차지한 학생들이 항상 하던 이야기 때문이었다. “잠은 충분히 잤고요, 사교육은 받지 않았어요. 학교 수업 열심히 들으며 교과서 중심으로 공부했습니다.” 전국 수석들은 약속이라도 한 듯 이렇게 이야기했다. 물론 사람들은 믿지 않았다. 오죽했으면 저런 우스갯소리까지 나오게 되었을까?

물론 항상 하던 수석들의 이야기에 거짓이 섞여 있지 않다고는 할 수 없다. 정말 그들이 사교육을 받지 않고, 잠도 충분히 자면서 교과서만 봤다고는 생각하지 않는다. 절대로. 하지만 조금만 깊이 생각해보면 우리가 그들의 이야기를 잘못 이해하고 있다는 것을 알 수 있다. 그들은 '교과서를 중심으로' 공부했다고 했지, '교과서만' 공부했다고는 하지 않았다. 그리고 최상위권의 성적을 얻고 명문대에 진학한 학생 중 교과서를 열심히 공부했다는 학생들은 의외로 많았다. 교과서만 본 학생들은 없었지만, 교과서를 중심으로 공부한 학생들은 아주 많았다. 그런데 왜 우리는 교과서를 공부했다는 전국 수석의 말을 무턱대고 거짓말이라 생각했던 것일까?

여기에는 우리가 품고 있는 중대한 착각이 있다. 바로 우리의 수학 점수가 잘 나오지 않는 이유는 무언가 어려운 것을 제대로 하지 못하기 때문이라는 생각이다. 수학 만점자나 1등급을 받는 실력쯤 되면 어려운 문제를 척척 풀어낼 수 있고, 그 바탕에는 어려운 문제들을 많이 풀어본 경험이 있기 때문이라는 믿음을 가지고 있다.

하지만 사실은 그렇지 않다. 수학 점수가 잘 나오지 않는 이유는 어려운 것을 못 하기 때문이 아니다. 근본적인 이유는 기본적인 것을 이해하지 못하고 있기 때문이다. 기본적인 수학 용어도 모르고, 공식에 담긴 수학 개념에 대한 이해도 없는 상태에서 문제 푸는 공부만 하니 성적이 오를 리가 없다.

수학 교과서는 수학의 기본 개념 설명에 대해 그 어떤 기본서와도 비교할 수 없는 깊은 연구가 담긴 책이다. 더군다나 수학 교과서는 수능을 출제할 때 가지고 들어가는 유일한 기본서이다. 출제하는 교수진은 수학 교과서의 학습 목표를 보고 고등학생들이 어떤 수학적 지식을 얻기 위해 공부하는지를 체크하고 그 목표를 만족했는가를 확인하기 위한 출제를 한다. 수능시험 문제 출제의 기본 바탕이 되는 것이 교과서인데 어째서 교과서는 이리도 무시를 받고 있는가?

수학 교과서는 너무 쉬워서 봐도 도움이 안 된다는 학생들이 있다. 하지만 그런 학생들에게 묻고 싶다. 단 한 번이라도 수학 교과서를 제대로 본 적이 있느냐고. 내 경우에는 수능에서 1등급을 얻었지만, 그 실력으로도 수학 교과서를 정독(단 한 줄도 완벽히 이해하지 못하는 부분이 없게끔)하면 한 페이지를 읽는 데 1시간이 넘게 걸리는 곳도 있다. 수학 교과서가 쉽다고 하는 그대들은 그 쉬운 내용과 문제들을 누군가에게 완벽하게 설명할 수 있는가? (셀프티칭 참조)

제발 쉽게 구할 수 있고, 모두에게 공개된 것은 좋지 않다는 편견을 버리자. 수능시험은 국가에서 시행하는 시험 중 가장 큰 시험이다. 출제를 잘못했다가는 교육부 장관까지도 바꿔 버릴 수 있는 시험이며, 대통령의 공약 중 중요 사안으로 꼽히는 시험이다. 최고급 정보를 최대한 많이 퍼뜨리며 발전할 수밖에 없던 것이 수능이다.

제발 이제 전문가의 말을, 명문대생의 말을, 선생님의 말씀을, 출제위원의 말을, 나의 말을 좀 믿어 보자. 왜 자꾸 근거도 없는 카더라만 믿고 있는가?

오르지 않는 수학 실력을 만회할 수 있는 유일한 방법, 기본 개념이 답이다!

　수학에서의 기본 개념이란 어떤 것일까? 한마디로 정의하자면 해석 능력이라 볼 수 있다. 즉, 수학에서 정의된 말들을 모두 이해할 수 있는 말로 해석해 낼 수 있느냐의 문제인 것이다. 그러기 위해서는 모든 수학 용어의 정의를 파악해야 한다. 함수가 무엇인지, 수열이 무엇인지, 행렬이 무엇인지, 방정식을 푼다는 것은 무엇이고 부등식을 푼다는 것은 무엇인지, 로그란 무엇이고 지수는 무엇이며 도대체 이것들을 왜 쓰는지를 알아야 한다. 더 깊이 들어가자면 4가 2보다 큰 이유를 알아야 하고, 허수는 왜 대소 비교가 안 되는지를 알아야 하며, 함수 간의 대소 비교는 무슨 의미인지 알아야 하고, 판별식은 왜 근의 공식에서 루트 안에 있는 식과 같은지를 알아야 하고, 벡터의 합이 어째서 그런 식으로 나오는지, 정사영의 공식은 왜 그런지를 알아야 한다.

　아마도 여러분은 위의 질문에 대해서 단 하나도 제대로 대답하지 못했을 것이다. 그것이 여러분이 수학을 못 하는 이유이다. 4점짜리 문제를 풀지 못하는 것이 수학을 못 하는 이유가 아니고, 기본적인 것을 모르기 때문에 수학을 못 하는 것이고, 그래서 4점짜리 문제를 풀지 못하는 것이다. 근본적인 원인에 대한 생각 자체가 잘못되었기 때문에 아무리 공부하고 학원에 다녀도 수학 실력이 오르지 않는 것이다.

간단히 생각해보자. 여러분이 물의 성질에 대한 문제를 푼다고 해보자. 여러분은 물이 갖는 화학 구조에 대해 알아야 하고, 공유결합에 대해 알아야 하고, 수소결합에 대해 알아야 문제를 풀 수 있다. 그리고 실제로 화학을 공부하는 학생 대부분은 이에 대해 잘 알고 있다. 국사는 어떨까? 만일 삼국시대에 대한 문제를 푼다면 고구려, 백제, 신라는 어떤 나라인지, 전성기는 언제였고 어느 왕 때였는지를 다 알아야 풀 수 있다. 수학도 마찬가지다. 여러분은 과학 문제를 풀다 막히면 전압이 무엇인지, 전류는 어느 방향으로 흐르는지 찾아본다. 국사 문제를 풀다 막히면 삼국시대의 성립은 언제인지, 각 왕은 어떤 일을 했는지, 중국과의 관계는 어땠는지 찾아본다. 하지만 도대체 왜 수학 문제를 풀다 막히면 방정식이란 무엇인지, 왜 그래프는 그렇게 그려지는지, 삼각함수 값은 이렇게 정의되는지에 대해서는 알아보려 하지 않는가?

이제 꾸짖는 것은 그만 하겠다. 이만하면 기본 개념의 중요성에 대해 깨달았으리라 생각한다. 이제 그동안 제대로 쌓지 못했던 기본 개념을 어떻게 쌓을지에 대해 알려주겠다. 서두에도 밝혔지만, 이 공부법이 중위권 이하 학생들을 위함이라 하더라도, 지향점은 만점을 향하고 있다. 이 과정만 제대로 갖춰지면 만점까지 도약할 수 있는 기본기가 완벽히 갖춰지는 것임을 명심하기 바란다.

이제 여러분은 몹시 어려운 공부를 하게 될 것이다. 난도가 어렵다는 것은 아니다. 실행하기 몹시 어려울 것이다. 그렇지만 반드시 해야 한다. 이걸 하면 여러분의 수학 실력은 단번에 업그레이드할 수 있다. 어설프게 좋아지는 것이 아니라 단번에 반에서 손꼽을 정도의 수학 실력을 갖추게 될 것이다. 그러니 다른 생각하지 말고 따라 하기 바란다. 의심은 잠시 접어두자.

준비물은 다음과 같다.

● 준비물 ●
- 초등학교 1학년 이후의 모든 교과서
- 2005년 이후의 수능 기출문제 (7차 교육과정)

1) 교육과정을 다시 한 번 밟는다.

우리나라 수학 교육은 여러분의 생각보다 훨씬 체계적이고 과학적이다. 그리고 정교하다. 보통의 학생이라 할지라도 정규 교육과정만 충실히 밟더라도 수능 정도의 난이도는 충분히 해결할 수 있도록 구성되어 있다. 교과서 뒤의 저자를 보면 엄청난 스펙에 놀랄 것이다.

여러분은 그 과학적이고도 정교한 교육과정을 다시 한 번 공부하게 된다. 방법은 간단하다. 초등학교 1학년 교과서부터 다시 공부하면 된다. 교과서를 단 한 글자도 빼놓지 않고 정성스럽게 정독하며, 이해해 가며 문제를 풀면 된다. 개념의 이해와 문제 풀이에는 셀프 티칭을 활용하면 더욱 좋다. 교과서를 공부하면서 여러분은 다소 놀라게 될 것이다. 초등학생 시절, 아무 생각 없이 하던 사칙연산과 부등식, 도형 등에 생각보다 훨씬 깊은 의미가 있었음을 발견하게 될 것이니 말이다. 1이 0보다 큰 이유를 설명하라 하면 지금은 우물쭈물하겠지만, 초등학교 교과서를 공부하고 나면 '수직선 상에서 1이 0보다 오른쪽에 있기 때문에 더 큰 거죠.' 라고 당당히 이야기할 수 있다. 그리고 이러한 대소 비교 방식은 고등학교 때 배우는 함수의 대소 비교에까지 이어짐을 알게 될 것이다. 이런 원리를 통달하게 되면 여러분은 그 어떤 대소 비교 문제가 나오더라도 무난히 해결할 수 있게 된다. 이것이 바로 기본 개념 이해의 힘이다.

여러분이 아무리 수학을 못 한다 하더라도 초등학교 과정은 무난히 마칠 수 있을 것이다. 중학교 과정부터는 많이 어려워져서 당황스럽겠지만, 자연스러운 것이니 놀랄 것 없다. 명문대 재학생들도 중학생 수학 과외 일을 하려면 미리 준비하고 간다. 그만큼 만만한 것은 아니라는 것이다. 하지만 초등학교 과정을 열심히 공부한 여러분이기에 중학교 과정도 충분히 해결할 수 있다.

꼭 명심해야 할 것은, 반드시 개념 설명 부분을 정독해야 하며, 교과서에서 제시하는 증명을 스스로 할 수 있어야 한다는 것이다. 공식만 외우면 됐지 뭐하러 공식을 증명하는 과정을 알아야 하느냐고 생각할지 모르지만, 나중에 수능 분석에 들어가면 기본 공식 증명 과정과 고난도 문제 풀이 과정의 유사성을 발견하고 매우 놀라게 될 것이다. 다시 한 번 말하지만, 이것이 기본 개념 이해의 힘이다.

이런 식으로 지금 여러분이 배우고 있는 교과서까지 자신의 힘으로 공부해 내야 한다. 이 과정을 끝내고 나면 두 가지가 달라질 것이다. 첫째로 수학 문제를 보는 여러분의 눈이 완전히 달라질 것이다.

전에는 수학 문제를 보면 '전에 비슷한 문제를 풀어 봤었나? 어떻게 풀었더라?' 라는 생각부터 떠올렸다면, 이제는 '아, 이런 개념을 다룬 문제구나. 이 개념은 이런 원리였으니까 이 문제는 이런 각도에서 접근해야겠구나.' 라는 방식으로 완전히 다른 패러다임을 가지게 될 것이다. 그리고 둘째로는 그동안 막연히 쉽다고만 생각했던 교과서를 완전히 다르게 볼 것이다. 교과서에 담긴 방대한 수학적 지식과 깊이에 감탄하게 될 것이다. 그리고 교과서를 우습게 봤던 자신을 처절하게 반성하게 되리라.

2) 문제는 세상에서 제일 좋은 문제를 풀자.

내가 아는 교재가 있다. 이 책에 실린 문제들은 국내 최고의 실력을 갖춘 교수님들이 출제하셨다. 그리고 손꼽히는 실력을 갖춘 현직 교사분들이 직접 풀어보면서 검토하셨다. 그리고 피드백을 거친 후 최종적으로 다듬어지고 또 다듬어져 빛을 보게 되었다. 교육과정을 벗어난 내용은 모두 제외되며, 시중의 문제집과 겹치는 문제들 또한 모두 제외했다. 가장 중요한 것은 이 교재에 실린 문제들의 수능 연계율은 100%다. 수능을 출제하시는 교수님들은 이 교재를 무조건 참고하여 출제하시며, 심지어는 이 교재에서 숫자만 바꾸는 수준에서 수능 문제가 출제되는 경우도 많다.

이미 앞 장에서 써먹어서 다들 눈치채고 있으리라 본다. 맞다. 이 교재는 수능 기출문제다. 역시 무료로 모두에게 공개되어 있다.

내가 이렇게 설명하면 의구심을 품는 사람들이 있다. 정말로 수능 기출문제가 그렇게 좋은 문제인지, 정말 연계율이 100%가 될 수 있는지가 이해되지 않는다는 것이다. 이렇게 생각해보자. 출제에 들어가시는 교수님들은 어떤 사람들일지를 말이다. 그 정도의 위치에 계신 분들이 과연 우리나라 고등학생들이 얼마나 수학을 잘하는지를 테스트하려 하실까? '요 녀석들, 어디 한 번 이 정도도 풀 수 있나 보자.' 라는 생각으로 어려운 문제로 학생들을 고생시키려 하실까? 사실 교수님들은 당신들께서 만드는 문제들에 대해 고등학생들이 어느 정도로 어려워할지, 얼마나 많은 학생이 풀 수 있을지에 대해 잘 모르신다고 보는 것이 맞을 것이다. 그분들은 수학의 한 분야에 대해 전문적으로 연구하시는 분들이시지, 고등수학처럼 전 범위를 공부하시지는 않기 때문이다. 그렇기에 현직 교사분들이 들어가서 적절한 난이도인지를 체크하는 것이다.

실제로 한국교육과정평가원에서 공개했던 수능 출제 매뉴얼에 실린 예시 중 '적절하지 못한 난이도로 출제되지 않은 사례'를 보면, 교수님께서 만드신 문제를 현직 교사분들이 풀었지만, 모두 다른 답을 구했고, 정답은 아무도 맞추지 못했다는 사례가 있다. 너무 어려워서 출제되지 않았다는 것이다.

이쯤 되면 문제를 만드는 것이 쉽지 않으실 것이다. 아무리 선생님들께서 검토하신다지만, 임의로 문제들을 만들어내고 교사들이 계속 검수하는 것은 효율성이 너무나 떨어지기 때문이다. 수학 문제를 만들기는 결코 쉽지 않은 작업이고, 출제에는 정해진 시간이 있기 때문이다. 이럴 경우 가장 좋은 것은 기존에 냈던 문제들을 참고하는 것이다. 모든 문제에는 정답률 정보까지 있기 때문에 난이도를 예측하기도 좋다. 더군다나 기존에 출제된 문제들 역시 최고의 출제진과 검토진을 거쳤기 때문에 아주 뛰어난 퀄리티를 가지고 있다. 연계되지 않을래야 않을 수가 없다.

이러한 이유가 있어서 모두 수능 기출문제를 최고의 문제로 꼽는 것이다. 그러므로 우리는 다른 문제집을 푸느라 시간을 낭비하지 말고 수능 기출문제를 풀자. 수능 기출문제는 아무리 반복해도 지나치지 않은 최고의 문제들이다.

다만, 우리는 아직 수학 실력이 완성되지 않은 상태이니 지나치게 어려운 문제에 손을 대서 스트레스를 받을 필요는 없다. 다시 말하지만, 이 책에 실린 공부법은 기본기를 갖추기 위한 공부법이지 완성 전략은 아니다. 여러분은 수능 기출문제 중 2, 3점짜리만 완벽히 풀어내도 충분하다. 4점짜리 문제들은 2, 3점짜리 문제들을 완벽하게 해결할 수 있는 실력을 갖춘 후에 도전해도 늦지 않다.

초등학교 교과서부터 시작한 공부는 고등학교 과정까지 들어섰을 것이다. 고1 수학까지는 교과서의 예제를 해결할 수 있는 수준이면 충분하다. 하지만 수능에 직접 출제되는 수 I부터는 수능 기출문제를 풀면서 문제 적용력을 키워야 한다. 수능 기출문제를 푸는 방법은 다음 단계를 거치면 된다.

위의 방법대로 2, 3점짜리 문제만 해결하면 된다. 틀리는 문제나 못 푸는 문제가 나오면 5분 정도만 고민해보고 넘어가자. 그리고 해설은 될 수 있으면 보지 말고 다시 한 번 해당 단원의 개념을 복습하고 다시 도전하자. 수능 기출문제는 고민하고 또 고민할 가치가 충분히 있다.

화려한 개인기는 어떻게 발휘되는가?

‘크리스티아누 호날두’ 라는 이름을 들어보았는가? 축구에 조금이라도 관심이 있는 사람이라면 누구나 잘 아는 이름일 것이다. 호날두는 잘생긴 외모와 뛰어난 개인기를 바탕으로 한 화려한 플레이로 많은 팬의 사랑을 받는다. 특히 엄청난 발재간을 바탕으로 한 뛰어난 개인기, 무회전 프리킥 등은 그를 최고의 테크니션으로 꼽는 충분한 근거가 될 만하다. 그렇다면 그 호날두의 화려한 개인기는 어디에 바탕을 두고 있을까?

언젠가 유튜브를 서핑하다 흥미로운 동영상을 보았다. 바로 호날두가 불을 끈 상태에서 코너 키커가 볼을 차는 순간까지만 보고 날아오는 볼을 골대 안으로 차 넣는 영상이었다. 실로 놀라운 기술이었다. 말 그대로 아무것도 보이지 않는 상황에서 키커가 볼을 차는 순간의 자세, 공이 날아오는 소리만을 듣고 공의 궤적을 예측해서 골을 넣는 것이었다.

과연 호날두는 어떻게 이런 묘기를 성공할 수 있는 것일까? 바로 그 비밀은 연습에 있다. "와, 호날두는 불 끄고 코너킥을 골로 연결하는 연습을 한 건가?"라고 생각해서는 안 된다. 호날두는 단지 코너킥을 골로 연결하는 연습을 무수히 많이 했다. 그렇기에 키커의 자세, 공에서 나는 소리만으로도 공의 궤적을 예상할 수 있다. 화려한 개인기도 마찬가지다. 다양한 볼 트래핑과 어떤 상황에서도 볼을 몸에서 떨어뜨리지 않는 훈련을 수없이 반복했기에 가능한 것이다. 즉, 아무리 화려한 기술이라도 철저한 기본기 훈련에서 비롯되지 않는 것이 없다는 의미다.

수학 문제를 풀어내는 것은 축구에서 골을 만들어 내는 것과 비슷하다. 골키퍼가 골문을 지키듯이, 문제의 난이도가 풀이를 방해하고 있다. 동료들과의 패스나 개인기를 통해 골 찬스를 만들어 내듯이, 다양한 공식을 이용해서 풀이를 만들어야 한다. 상대 수비가 전력을 다해 공격을 방해하듯이, 많은 함정이 우리의 풀이를 어렵게 만든다. 모든 어려움을 극복하고 한 번의 찬스를 골로 연결하듯이, 우리도 그 험난한 어려움을 뚫고 답을 찾아내야 한다. 그리고 축구 선수의 화려한 골 한 방이 수없이 반복했던 기본기 훈련에서 비롯했듯이, 우리의 수학 문제 풀이 실력도 철저한 기본 개념 위주의 공부에서 비롯된다.

모두 화려한 플레이를 하고 싶어하는 것, 잘 안다. 수학 문제를 마주하면 즉각 풀이법을 생각해내고, 정답을 단번에 구해내는 모습 말이다. 하지만 우리가 그 화려함을 보여주는 것은 실전 당일 한 번이면 된다. 그러니 앞으로 기본기를 더욱 갈고 닦자.

시험 당일, 수능 당일에 가장 화려하게 빛날 여러분의 모습을 위해!

9. 영어 공부법
느릴수록 빨라지고 저절로 모든 범위의 영어가 해결되는 기적의 독해법

대학교 2학년 때, 안암동 거리에서 정기 고연전 뒤풀이가 한창 이어지던 때였다. 후배들과 신 나게 놀고 있었는데 옆자리에 갑자기 외국인이 한 명 찾아왔다. 미국에서 온 교환학생이라고 자신을 소개했다. 우리는 왜 혼자 여기 왔느냐고 물어봤다. 그 학생은 게임에 져서 벌주를 마시러 왔다고 했다. 한국에 온 지 얼마 안 돼서 그런지 우리 말은 거의 할 줄 모른다고 했다. 우리는(정확히 말하자면 영어를 잘하던 애들은) 그 학생과 농담을 주고받기 시작했다. 그러다 밖에서 떠들썩한 소리가 들려왔다. 거리 공연이 시작한 듯했다.

록 공연을 좋아하는 동기가 "야! 빨리빨리 술 줘서 보내고 우리도 빨리 나가자!"라고 외쳤다. 재미있었던 것은 한국에 온 지 얼마 안 돼서 우리말은 거의 못 알아듣는다던 그 외국인이 단어 하나를 정확히 알아들은 것이다. 그것은 바로 '빨리빨리' 였다.

한때, 한국인의 '빨리빨리' 에 대해 말이 많았다. 지나치게 모든 걸 빠르게 하려다 보니 안 좋은 결과물이 많다는 이야기도 있었고, 그 빨리빨리 덕분에 우리나라가 IT 강국이 될 수 있었다는 이야기도 있었다. 이 특유의 빨리빨리가 좋은 건지 나쁜 건지 단언할 수는 없겠지만, 적어도 영어에서만큼은 정말 최악이라고 단언할 수 있다. 대한민국 IT는 속도에 대한 관심 덕분에 빠른 인터넷 인프라 구축이 가능했을지 몰라도, 대한민국 영어 공부는 속도에 대한 관심 덕분에 진척이 안 되고 있다.

속도가 빨라지면 점수가 높아질까?

영어 시험 점수가 안 나오는 학생들은 백이면 백, 모두 시간 부족을 호소한다. "막판에 시간이 부족해서 다섯 지문을 그냥 찍었어요."라며 울상을 짓는 아이들이 대부분이다. 이런 학생들은 유난히 속도에 대한 집착이 크다. 해석하는 속도만 빨라져도 찍는 문제가 줄어들고, 그러면 당연히 점수가 오를 것이라는 생각이다. 그래서 빠른 독해를 가르친다는 것에 혹해 사교육에 의지하기도 한다. 심지어는 '글을 전부 읽지 않아도 문제를 풀 수 있다.' 라는 말에 현혹되어 무작정 스킬성 독해로 몰리기도 한다. 하지만 단언컨대, 이렇게 공부한다고 절대 점수 오르지 않는다.

물론 빠른 독해, 리딩스킬은 고득점에 있어 필수적으로 필요하다. 하지만 이 두 가지를 하기 위해서는 모든 문장을 정확하게 해석할 수 있는 독해력이 우선 갖추어져야 한다. 문장의 의미도 제대로 해석 못 하면서 빠르게 읽는 게 가능할 리가 없다. 리딩스킬도 마찬가지다. 리딩스킬은 '모든 글을 다 읽지 않아도 맞출 수 있다.' 라는 것이지 '해석을 다 못 해도 문제를 풀 수 있다.' 라는 것이 아니기 때문이다. 상식적으로 앞의 문장 몇 개 해석해서 문제를 풀 수 있다 해도 그 앞의 몇 문장은 해석할 수 있어야 하는 것 아니겠는가?

그러니 지금 이 순간부터 빠른 문제풀이에 대한 생각은 버려라. 하물며 국어에서도 속독은 아무짝에도 도움이 안 되는데 영어에서는 오죽하겠는가? 장담하는데, 제대로 독해 실력을 키우기만 해 놓으면 빠른 독해와 리딩스킬은 저절로 따라오게 된다. 정 배우고 싶다면 우선 독해 기본부터 갖추고 배우자.

이제 제대로 된 독해 실력을 기르는 방법을 알려주겠다. 나는 이 공부법을 통해 3월 모의고사 5등급에서 단 3개월 만에 6월 평가원 모의고사 백분위 99까지 성적을 끌어올렸다.

준비물은 다음과 같다.

● 준비물 ●

- 문법을 공부했던 강의 교재 혹은 기본서
- 자신의 수준에 맞는 독해 문제집(다음 파트에서 설명)
- '영어 금고'라고 적은 빈 노트
- 암기 카드(10장에서 설명)
- 영어 사전

1) 필요한 기둥을 세우지 않고 집 지을 생각을 하지 마라.

영어 공부에서 어휘와 문법은 기본 중의 기본이다. 좋아하는 이성이 나에게 I love you라는 메시지를 보내도 I, Love, You, 각각의 단어가 무슨 뜻인지를 알아야 의미를 알 수 있다. 그리고 I가 주어, You가 목적어이며 Love는 동사라는 것을 알아야 어휘의 뜻과 함께 재조합하여 '나는 너를 사랑한다.' 라는 뜻임을 알 수 있다. 이런 기본기도 없이 무작정 영어 문장을 들여다본다고 절대 실력이 늘 수 없는 것이다. 공신닷컴의 대표 멘토 중 한 명인 유상근 공신(서울대 영문학과)은 이렇게 표현한다. 아랍어 한 단어도 모르는 당신이 한 달 내내 아랍 방송만 본다고 단 한 문장이라도 알아들을 수 있겠느냐고. 답은 뻔하지 않겠는가?

영어 문법 공부하기

사실 영어 문법 공부법, 이 자체는 그다지 할 말이 없다. 이 파트는 그저 정리된 내용을 얼마나 머리에 정리하고 집어넣느냐의 문제이기 때문이다. 시중의 인터넷 강의 하나를 정해서 듣는 것이 가장 좋다. 강의 사이트에서 맛보기 강의를 들어보고 자신에게 잘 맞는다고 생각하는 강좌를 들으면 된다. 개인적으로는 EBS의 이아영 선생님 강좌와 한일 선생님의 강좌를 추천하고 싶다.

공부하는 방법은 앞서 제시했던 10회 내신 복습법과 같다. 시험을 준비할 필요가 없기에 10회까지 반복할 필요야 없겠지만, 강의를 듣고 당일과 주말에 복습하는 것은 꼭 실천하기 바란다. 이 정도면 영어 공부에 필요한 문법은 충분히 갖춰졌다. 비싼 돈 들여서 길게 시간 끌 부분은 절대 아니니 빠르게 공부하고 본격적인 독해 공부에 들어가자.

영어 어휘 공부법은 10장을 참고하자.

2) 수준에 맞는 독해 문제집을 고르자.

4장에서 강조한 내용이지만, 다시 한 번 이야기하겠다. 제발 '상위권 아이들이 보는 문제집'을 보려 하지 마라. 문제집은 나에게 필요한 것을 보는 것이다. 상위권 애들이 보는 문제집은 그 수준에서 보는 책이지 그들을 그 수준으로 만들어준 책이 아니다. 그리고 또하나 잔소리를 반복하자면, 제발 공부하는 것에 있어서 창피함을 느끼지 마라. 내가 시키는 것을 실행하는 것에 대해 속된 말로 쪽 팔려하는 아이들이 많다. 제발 쓸데없는 것에 목숨 걸지 말자. 실속 없는 것에 자존심 상해하며 필요한 것을 못 하는 것이 진짜 쪽 팔린 짓이다. 나중에 자존심 다 챙기게 해줄 테니 믿고 따라와라.

사실 4등급 이하 학생들이라면 수능을 대비하기 위한 독해 문제집을 보는 것은 무리다. 독해 문제집은 한 지문에서 해석이 제대로 안되는 문장이 3~4개 정도 나오는 것이 적절하다. 여기서 해석이라는 것은 대강 의미만 아는 것이 아니라 정말 100% 완벽하게 우리 말로 번역하는 것을 의미한다. 이 기준에 맞는 독해집을 찾으려면 생각보다 많은 단계를 내려가야 할 것이다. 5등급 이하 학생들은 중학교 1학년 수준까지 내려가야 할 수도 있고, 초등학생들이 보는 문제집을 봐야 하는 학생들도 있을 것이다. 다시 한 번 말하지만, 창피해하지 마라. 지금 창피함을 견디면 몇 달 후면 제대로 수준에 맞는 공부를 할 수 있다. 하지만 지금 제대로 공부 안 하면 몇 달 후에도 초등학생 수준의 영어 실력을 벗어날 수 없다.

택하라. 어차피 지금 실력이 별로라는 것은 변하지 않는다.

그리고 내가 무슨 공부를 하는지 광고하는 것도 아닌데 쪽 팔릴 이유가 뭐에 있겠는가? 참고로 나는 고1 올라가는 겨울, 중1 문제집을 보기 시작했다.

3) 이제 문제집을 풀어보자.

나에게 맞는 문제집을 골랐다면, 이제 열심히 풀어보자. 분량은 하루 10문제 정도 푸는 것이 적당하다. 해설지를 보지 않고, 너무 정밀하게 해석하려 하지 말고 그냥 말 그대로 자연스레 해석해가며 문제를 풀어보자. 문제를 푸는 감각 자체도 매우 중요하므로 평소 공부하며 키워보자. 나중에 한 번에 몰아서 하려면 골치 아프다. 미리 갖춰놓는 것이 제일 좋다. 문제집을 풀고 채점한다. 그리고 모르는 단어를 표시하고 단어 암기 카드에 옮겨 적는다. 암기 카드 작성 및 활용법은 바로 다음 장에서 아주 상세히 설명할 테니.

4) 독해 실력 향상의 핵심, 우리는 번역가가 된다.

우리는 이제 영어 독해 문제집을 100% 완벽하게 해석할 것이다. 영어 문장을 대강대강 이해하고 넘어가는 것이 아니다. 나의 해석이

해설지와 일치하게 될 정도로 정교하게 해석하는 것이다. 이렇게 설명하면 의문을 제기하는 학생들이 있다.

"형, 해설지랑 똑같이 해석 안 해도 대강 무슨 뜻인지 다 아는데 이렇게까지 해야 해요? 시간만 엄청나게 걸리는데요."

대답부터 하자면, "그래, 당연히 해야 해."이다.

우리는 지금 의사소통하자고 영어 공부하는 게 아니다. 그냥 대강 의미만 알아듣자고 해석 연습하는 것도 아니다. 우리는 철저히 시험을 잘 보기 위한 독해 연습을 하는 것이다. 그냥 일상생활 속에서야 문장을 대강 의미만 이해하는 정도로 해석할 수 있어도 아무 지장 없다. 하지만 문제를 풀어서 맞추는 데는 아주 큰 지장이 있다. 이를 테면 이런 것이다. 한 문장의 의미를 이해하는 데 1~100까지의 레벨이 있다고 가정해보자. 사실 50 이상만 되면 그 문장의 뜻을 이해하는 데 별 지장이 없다. 우리는 공부하는 입장이니 조금 더 정밀하게 해석해서 80 정도의 의미까지는 이해하며 독해를 진행한다고 해보자. 처음 한 문장 정도는 대강 이해하고 넘어갈 수 있다. 하지만 100% 이해하지 못하는 문장이 세 개만 넘어가도 글 전체의 의미를 이해하는 것이 흔들리기 시작한다. 그런데 우리는 시험에서 열 개 안팎의 문장을 해석해야 한다. 글 전체의 의미를 이해할 리가 없다. 더군다나 장문 독해 문제의 경우 50~70% 이상 많은 문장을 해석하고 문제를 풀어야 한다. 절대로 문제를 제대로 풀 수 없다. 우리가 모든 문장을 제대로 해석할 수 있어야 하는 이유이다.

5) 해석하다 막히는 문장에서 보물을 캔다.

위에서 제시한 대로 독해 공부를 하다 보면 분명 막히는 부분이 나오기 마련이다. 그럴 때는 다음 단계를 따르도록 하라.

① 공부했던 책과 사전을 총동원하여 해석해 본다.

문장 해석이 제대로 되지 않는 이유는 두 가지다. 문장에 있는 단어의 뜻을 제대로 모르거나, 단어의 뜻은 제대로 알지만, 문법적 지식이 약하거나. 우리가 캐내야 할 작은 보석은 모르는 단어이며, 큰 보석은 모르는 문법적 지식이다. 이 두 가지를 해결하면 점수가 오르기 시작할 텐데, 이보다 더 값진 보석이 있겠는가?

사전을 찾아서 단어의 뜻을 알아보니 해석이 제대로 되었다면, 단어만 단어 카드에 옮기고 넘어가면 된다. 다만 문제는 문법적 지식 때문에 해석이 안 되는 문장들이다. 이 문장들은 정말 말 그대로 보석 중의 보석이다. 10조 달러어치의 원유가 매장되어 있다는 제7광구나 다름없다. 원유는 내 영어 점수를 올려주지 못하지만, 이 보석은 심지어 내 영어 점수를 올려준다. 그러니 캐서 모으자.

② 문법 때문에 해석되지 않은 문장들을 노트에 옮기자.

아까 준비물을 소개할 때, 뜻밖의 물건이 하나 있었을 것이다. 바로 '영어 금고'라고 적은 노트가 그것이다. 보석을 캐냈으니 보관해야 할 것 아닌가? 어디에? 바로 금고에 보관해야 한다.

해석되지 않은 문장들은 정말 말 그대로 '실력이 모자라서 해석을 못 한 문장'이다. 즉, 집중적으로 공부해서 해결해야 할 약점들이 모두 모인 문장이라는 뜻이다. 이런 문장들만 모아서 노트를 만든다면, 그간 공부했던 모든 영어 문제집을 모두 복습하는 효과가 있다. 특히나 수험생들의 경우에는 EBS 연계 교재를 이런 식으로 공부한다면 연계 교재 전체를 복습하지 않아도 이 노트만으로 대비가 되는 셈이다. 공신닷컴에서 열광적인 반응을 이끌어냈던 내용이니 믿고 따르자.

다시 노트 작성법으로 돌아가 보자. 단순히 문장을 모으는 것이 중요하진 않다. 그다음이 더 중요하다.

③ 내 능력을 벗어난 문장들을 해결하자.

공부했던 내용을 찾아봤는데도 도저히 해석이 안 된다면, 이 문장들은 온전히 내 능력을 벗어났다고 봐도 좋다. 배우지 않은 내용일 수도 있고, 배웠음에도 잊어버렸을 수도 있다. 대부분 두 번째일 가능성이 크지만. 이런 내용은 다른 사람의 도움을 받아야 한다. 해당 문제집을 만든 출판사의 Q&A를 이용하면 좋은 답변을 얻을 수 있다. 추천하고 싶은 곳은 공신닷컴의 문제질문 게시판이다. 이곳에서 여러 명문대 재학 공신들의 무료 답변을 받을 수 있다. 학교 선생님께 질문하는 것도 좋은 방법이다. 6장의 내용을 읽어봤다면 학교 선생님께서 얼마나 좋은 실력을 갖추셨는지는 알고 있을 것이다. 공부 열심히 하는 모습을 보이면 선생님께 좋은 이미지도 심을 수 있으니 이보다 더 좋은 방법이 있을까?

자, 이제 답변을 얻어서 새로운 내용을 배웠다면, 정리해야 한다. 이 영어 금고 노트를 어떻게 정리해야 할지 예시를 통해 설명하겠다. 보고 그대로 따라 하자.

> Recent evidence suggests that the common ancestor of Neanderthals and modern people, living about 400,000 years ago, may have already been using pretty sophisticated language.

1. 해석이 안 되는 문장을 노트 윗부분에 적는다.

Recent evidence / suggests that the common ancestor of Neanderthals and modern
S　　　　　　　V
접속사

2. 문장을 자세히 분석해본다. 해석을 가로막았던 문법 사항을 자세히 적는다.

people, (living about 400,000 years ago), may have (already) been using pretty

have been ~ing 현재완료 진행형: ~해왔을 것이다.
언제부터인지는 모르겠지만, 지금도 진행되고 있는 상태

have been ~ing

sophisticated language.

-ed 형용사로서, language 같은 경우 스스로 변화할 수 있는 명사로 수동태 형태인 ed를 사용한다.

최근의 증거는 약 40만 년 전에 살던 네안데르탈인과 현대 인간의 공통 조상들이 이미 꽤 정교한 언어를 사용해 왔을지도 모른다는 것을 암시한다.

3. 하단에 정확한 해석을 적는다.

영어 공부량이 늘어날수록 영어 금고는 점점 가득 차게 된다. 그만큼 실력이 늘고 있다는 의미이니 기쁘게 노트를 채워 나가도록 하자.

6) 그토록 좋아했던 애인 전화번호도 잊어버리는 게 인간이다. 복
   습하자.

  2장에서 말한 대로 사람은 참 잘 잊어버린다. 그토록 고생해서 공
부해놓고 그 내용을 다 잊어버린다면 그것만큼 억울한 것이 어디 있
을까? 내가 덜 잊어버릴수록 경쟁에서는 유리하게 됨을 잊지 말자.
다시 한 번 이야기한다. 복습하자.

  복습의 방법은 이미 앞서 다 설명해서 굳이 덧붙일 것이 없다. 다만
주의해야 할 사항 몇 가지를 언급하겠다. 문법은 셀프티칭법으로 복
습하되, 다양한 문장을 만들어 보는 방식을 꼭 적용해 보자. 단순히
독해 실력뿐 아니라 영작 실력까지 기를 수 있다. 이는 서술형 평가
점수를 얻는 아주 좋은 기회가 된다. 영작은 어려운 단어를 쓸 필요가
없다. 쉬운 단어를 얼마나 적절히 쓰느냐가 훨씬 중요하기 때문이다.

  단어의 경우에는 다음 장에서 제시하는 방법을 통해 복습해야 한
다. 주의사항은 다시 한 번 언급하겠지만, 단어의 뜻 외의 것이 암기
에 관여하게 해서는 안 된다. 약간 수수께끼 같은 말이겠지만, 다음
장을 읽어보면 무슨 뜻인지 알게 될 것이다. 위의 문장에 단어를 외
워도 시험에서 생각이 안 났던 문제의 근본적 이유가 들어 있다.

어차피 이렇게 공부하면 뭐해? 외국인이랑 대화 한마디 못 하는데

  우리나라의 영어 교육이 바람직하지 않다는 것에는 적극적으로 동

의한다. 결과적으로만 보자면 나도 영어를 잘하는 사람이다. 적어도 나와 같은 해에 수능을 봤던 사람 중에 98%는 나보다 영어 점수가 낮았으니 말이다. 100명 중에 2등이었다는 뜻인데, 못 하는 것은 아니지 않은가? 하지만 이런 나도 간단한 문장 하나 영작하는 데 자신이 없다. 길거리에서 외국인이 말이라도 걸면 당황해서 기본적인 회화 하나 제대로 못 한다.

영어도 제대로 못 하게 만드는 영어 공부라는 생각에 영어 공부에 대해 굉장히 회의적으로 생각하고 불만을 품는 학생이 꽤 많은 것으로 알고 있다. 하지만 생각을 좀 바꿔보길 바란다. 바꿔 말하자면 이렇게나 영어 실력이 별로인 나 같은 사람도 1등급의 수능 점수를 얻을 수 있지 않은가? 이게 합리적이고 아니고를 떠나서 당장 우리 눈앞의 현실은 이런 것이다. 대학 진학 후 외국인들과 어울리며 제대로 영어 실력을 키울 기회는 얼마든지 있다. 하지만 좋은 수능 점수를 얻고, 내 한계 안에서 가장 좋은 대학을 갈 기회는 지금 아니면 찾아오지 않는다.

앞으로 우리나라 영어 교육은 분명 바뀔 것이다. 정말 외국인과 대화를 나눌 수 있게, 영어 문장을 만들 수 있게, 말하고 듣는 것을 잘할 수 있게 개선되리라는 것은 자명하다. 하지만 평가 항목이 말하기, 듣기, 쓰기로 옮겨간다면 남들보다 늦게 시작한 공부로, 앞선 아이들을 따라잡는 것은 더욱 힘들어진다. 그나마 문법과 독해 위주의 시험이므로 전략적인 공부로 영어 공부가 앞선 아이들을 시험에서만큼은 따라잡을 수 있다.

그러니 지금 눈앞에 있는 기회를 적극적으로 활용하자. 그것이 지금 할 수 있는 가장 현명한 선택이다.

10. 카드 암기법

순수 100% 암기를 방해하는 모든 것을 해결하는 단어 공략 스킬

때는 다니던 대학을 그만두고 다시 수능시험을 보겠다고 스물두 살의 늦은 나이로 재수 학원에 들어가 한창 공부에 열중하던 3월이었다. 학원에서는 매월 모의고사를 실시했고, 그 시작이 바로 3월 모의고사였다. 수험생 사이에서는 '3월 모의고사 = 수능' 이라는 이야기가 있을 정도로 3월 모의고사는 그 중요도가 매우 컸다. 물론 그 말을 믿지는 않았지만, 새로 수능 공부를 시작하고 치르는 첫 모의고사는 나에게도 의미가 있었다. 하지만 결과는 처참했다. 국어, 수학, 영어가 각각 5, 6, 5등급이 나왔다. 자연계열로 전과하고 처음 치른 모의고사라는 것을 고려해도, 1년간 매일같이 술 마시고 노느라 머리가굳었다는 것을 생각하더라도 충격적인 점수였다. 특히나 영어에서 받은 충격은 대단했다. 필자가 치렀던 6차 수능은 영어 난이도가 매우 낮았다. 상위권 사이에서는 한 문제라도 틀리면 손해라고 할 정도였다. 하지만 새로이 접하게 된 수능은 난이도가 높아져도 너무 높아져 있었다.

사실 5등급도 등급 컷과 1점 차이였다. 더군다나 뒤쪽 한 장 반 정도는 거의 다 찍다시피 했는데 기적적으로 많이 맞은 것이 저 점수였다. 1점만 더 틀렸으면 6등급이었다는 생각에 한숨만 푹푹 쉬던 기억이 생생하다. 이미 시험은 지난 일이었고 돌이킬 수 없었다. 예나 지금이나 영어 공부의 가장 기본은 단어라고 생각했기에, 틀린 단어를 외우기 위해 단어장을 만들었다. 모의고사 시험지를 보면서 모르는 단어에 형광펜을 칠했다. 시험지를 다 넘기고 보니 시험지가 형광색이 되어 있었다. 내 기억에 and, but, so, however 등 접속사 빼고는 다 몰랐으니 그럴 만도 했다.

노트를 한 권 샀다. 노트를 반절 나누고 왼쪽에는 단어, 오른쪽에는 뜻을 쓰고 매일 외우고 또 복습했다. 노트에 있는 영어 단어들을 외워 가며 나름 뿌듯한 마음으로 공부했다. 하지만 그 암기 과정에는 생각지도 못한 복병이 숨어 있었다.

단어를 그렇게 외웠는데 왜 생각이 안 나지?

그 당시 내가 만들었던 단어장은 이런 형태였다.

단어	뜻	단어	뜻
conviction	신념	decade	10년
intrepid	용맹한	authority	권한
empowerment	권한	attitude	태도
alternative	대안	concrete	견고한
neglect	등한시하다	analysis	분석하다
negotiate	협상하다	animate	생기를 불어넣다
greet	인사하다	burden	짐
concern	우려하다	konwledge	지식
warranty	보증서	weird	기괴한

그다지 특별할 것도 없는, 지극히 일반적인 형태의 단어장이다. 아마도 대한민국 학생 중 90% 정도는 크기의 차이만 있을 뿐이지 이런 형식의 단어장을 만들어서 활용하고 있을 것이다. 나 역시 별생각 없이 이런 형태의 단어장을 만들었다. 외워야 할 단어 수가 많았던 나는 수첩이 아닌 커다란 노트에 단어장을 작성했다. 워낙 모르는 단어가 많아서 하루에 외워야 하는 단어의 양이 적지 않았다. 그렇지만 별수 있겠는가? 영어 공부 안 하고 놀러 다닌 내 업보인 것을. 매일 야간 자율학습 마지막 시간에 단어를 외웠고, 다음 날 아침에 외운 것을 체크했다. 외운 단어의 양이 늘어날수록 마음은 든든해져 갔다.

그리고 4월 모의고사 날이 찾아왔다. 그동안 칼을 갈아 왔던 영어였기에 시험이 기대되기까지 했었다. 하지만 시험지를 받아 들고 나는 혼란스러워지기 시작했다. 분명 단어장에서 봤던 기억이 있는 단어인데 뜻이 기억나질 않는 것이었다. 심지어는 단어를 복습할 때도 쉽게 뜻을 떠올렸던 단어라는 기억까지 나는 것이었다. 물론 단어를 외웠지만, 시험에서 생각나지 않을 수 있다. 하지만 그 숫자가 너무 많았던 것이 문제였고, 분명 외운 기억까지 있는 단어라는 것이 더욱 큰 문제였다. 더구나 그런 단어가 지문이 아닌 선지에 자리하고 있으면 정말 좌절감을 맛보기까지 했다. 기껏 고생해가며 지문 독해다 했는데 답을 고를 수가 없었기 때문이었다. 공부량이 쌓였기에 영어 점수는 조금 올랐지만, 기대에는 크게 못 미쳤다. 이대로 가다가는 영어 때문에 목표로 하는 대학을 못 가겠다 싶었다. 즉각적인 개선이 필요했다.

　도대체 무엇이 문제였을까? 채점을 끝내고 영어 시험지를 멍하게 쳐다보고 있었다. 보통 시험 볼 때 긴장감 때문에 생각이 나지 않았을 경우, 시험이 끝나고 다시 보면 생각나는 경우가 많다. 수학 시험을 볼 때는 안 풀리던 문제가 시험이 끝나고 풀어보면 술술 풀릴 때가 많은 것처럼 말이다. 하지만 다시 시험지를 들여다봐도 단어의 뜻이 떠오를 듯 말 듯했다. 그러다 어느 단어를 보고 떠오른 생각이 나로 하여금 문제가 무엇인지 바로 진단할 수 있게 해주었다.

　"authority? authority가 무슨 뜻이었지? 아, 이거 decade 밑에 있던 단어였는데. decade가 10년이라는 뜻이었고, 그 밑에는 권한이라는 뜻이었지! authority는 권한이었구나!"

　바로 여기 내 영어 단어 암기의 문제가 숨어 있었다. 영어 단어장을 보고 단어를 외우는 동안 나는 영어 단어를 순수하게 '단어 – 우리말 의미'로 암기한 것이 아니라, 단어들이 배열된 순서를 외웠던 것이었다. 물론 의도한 바는 아니었다. 하지만 매일같이 영어 단어장에 정리한 대로 외우다 보니 이런 일이 발생한 것이다. 좀 더 자세히 설명하자면 이런 것이다. 앞서 제시했던 단어장을 다시 한 번 보도록 하자.

단어	뜻	단어	뜻
conviction	신념	decade	10년
intrepid	용맹한	authority	권한
empowerment	권한	attitude	태도
alternative	대안	concrete	견고한
neglect	등한시하다	analysis	분석하다
negotiate	협상하다	animate	생기를 불어넣다
greet	인사하다	burden	짐
concern	우려하다	konwledge	지식
warranty	보증서	weird	기괴한

[흔히 사용하는 단어장 활용 방식]

위와 같이 정리된 노트로 매일 복습하면 자연스레 위에서부터 아래로 내려오며 단어를 외웠는지 안 외웠는지 체크하게 된다. 뜻 부분을 가리고 왼쪽에 적힌 단어를 보며 뜻을 연상해보는 방식이다. 이렇다 보니 영어 단어 자체를 의미와 짝지으며 외우지 않고 '10년, 다음 단어는 권한, 다음 단어는 태도, 다음 단어는 견고한, 다음 단어는 분석하다' 이렇게 말이다. 이런 버릇이 반복되면 나중에는 영어 단어는 건성으로 보고 그저 뜻만 나열해가며 단어를 복습하는 지경까지 이르게 된다.

특히나 학생들이 많이 보는 영어 단어집을 공부하는 경우 이런 일이 비일비재하다. 대개 시중의 영어 단어집은 나름의 기준에 따라 단어를 나열하고 하루 학습량을 정해 준다. 그리고 학생들은 그 단어집에 실린 순서대로 계속해서 단어를 외우고 복습한다. 단어집에 실린 단어들은 그 순서가 바뀌지 않기 때문이다. 따라서 영어 단어집을 지속적으로 복습하는데도 영어 시험 점수가 오르지 않는 경우가 매우 빈번히 발생하고 있다.

영어 단어 암기의 필수 요소 두 가지

그렇다면 영어 단어를 암기할 때, 어떤 것에 집중해야 할까? 다음 두 가지에 신경 써서 단어를 공부한다면 효율성을 극대화하여 공부할 수 있다.

하나는 철저히 단어와 뜻을 배합해서 외워야 한다는 것이다. 즉, 다시 말해 단어의 뜻 자체를 외우는 것에 방해 요소가 될 수 있는 것들을 모두 제거하자는 것이다. 앞서 내가 공부했던 방식이 바로 방해 요소가 끼어든 암기법이라 할 수 있다. 단어의 뜻을 외우는 것이 아닌, 단어가 배열된 순서를 외운 것 말이다.

다른 하나는 고른 복습이다. 영어 단어의 경우 단어장에 배열된 순서대로 암기하는 경향이 크다. 그렇다 보니 앞부분에 있는 단어들은 잘 외우는데 뒷부분이 약한 학생들도 있고, 앞쪽 복습을 안 하다 보니 단어장을 다 공부했는데 앞쪽을 모두 잊어버리는 학생들도 있다.

앞의 서술에 대해 바꿔 말해 보면, 현재 대부분 학생이 쓰고 있는 단어집과 단어장 학습법은 이런 문제점을 안고 있다. 단어가 순서대로 나열된 형식에서는 어쩔 수 없는 부분이기는 하다. 그렇다면 단어를 순서대로 배열하여 공부하는 것을 바꾸면 되지 않겠는가? 이런 방식을 통해 위에서 제시한 문제점을 해결하는 것이 바로 카드 암기법이다.

준비물은 다음과 같다.

- 암기 카드 (문구점에서 구할 수 있음, 빈 A4 용지를 오려서 해도 상관 없지만, 뒷면의 글씨가 비쳐서는 안 된다.)
- 클립 혹은 작은 집게 7개
- 단어 암기 카드를 담을 수 있는 작은 상자

1) 암기 카드에 단어와 뜻 적기

단어집을 공부하거나 독해 문제집, 기본서 등을 공부하다 보면 모르는 단어들이 나올 것이다. 그렇다면 이제 이 단어들을 단어장에 옮겨 적지 말고 단어 카드에 하나씩 옮겨 적어 보자. 앞장에는 영어 단어, 뒷장에는 뜻을 적으면 된다. 여기서 주의해야 할 것은, 뜻을 적은 부분이 반대쪽에서 봤을 때 비치면 안 된다는 것이다. 그리고 단어 카드에 옮길 때는 그냥 무작정 옮기기만 하지 말고 한 번 외우기 위한 노력을 하고 옮기자. 이런 식으로 모르는 단어 카드들을 모은다.

$$\boxed{\text{\Large authority}}$$

〈앞면〉

$$\boxed{\text{\Large 권한}}$$

〈뒷면〉

[단어 카드 작성 예시]

2) 암기 카드를 외우고 체크해 보기

이제 모아둔 암기 카드를 다시 외워 보자. 1주일 동안 모으면 꽤 많은 양이 모일 것이다. 그러면 그 카드들을 모두 모아서 다시 한 번 체크해 본다. 그리고 외운 것에는 동그라미를, 못 외운 것에는 가위 표시를 한다. 꼭 동그라미와 가위 표시가 아니더라도 자신이 알아볼 수 있는 표시는 반드시 해야 한다.

OX XOOO

warranty

〈앞면〉

보증서

〈뒷면〉

3) 카드를 6등분하여 나누기

이제 단어 카드 분량을 6묶음으로 똑같이 나눈다. 순서는 무작위로 하면 된다. 그리고 각 묶음을 준비한 클립 혹은 집게로 고정한다. 각각 묶음은 월요일부터 토요일까지 외우게 될 것이므로 알아볼 수 있게 잘 표시한다. 준비한 클립은 7개인데 왜 6개만 쓰는지 궁금한가? 나머지 하나의 활용법도 곧 공개된다.

4) 단어 암기와 7번째 카드 묶음 완성하기

이제 각각의 요일에 배정한 카드 묶음을 암기한다. 이때 제대로 외운 단어에는 동그라미를 더 추가한다. 그리고 틀린 단어는 7번째 클립에 끼우기 시작한다. 월요일부터 토요일까지 이런 식으로 단어 암기를 진행하면 된다. 일요일에는 7번째 클립에 끼워진 단어들을 다시 한 번 공부한다. 역시 맞추면 동그라미를 추가하고 틀리면 가위표를 체크한다.

이번 주에 공부하며 새로 생긴 모르는 단어는 1~2번 방식과 같게 모으자. 즉, 새로운 단어들을 모아가며 지난주 공부했던 단어들은 복습을 따로 병행하는 것이다. 그리고 일요일에 틀린 단어들 학습을 마치면 새로 모은 단어까지 한데 섞어 다시 6묶음으로 나눈다. 그리고 다시 1~4번 과정을 반복한다.

3번, 4번과 같이 외우면 단어를 단어장에 적힌 순서대로 외우는 것을 방지할 수 있다. 그리고 외우는 순서 또한 무작위로 배정되기 때문에 특정 단어를 더 많이 공부하고, 특정 단어는 더 적게 보는 것도 막을 수 있다.

5) 완전히 외운 단어 빼내기

이렇게 단어를 외워 보라 하면 이런 궁금함을 표시하는 아이들이 있다.

"이런 식으로 하면 단어의 양이 너무 많아질 텐데 어떻게 다 체크하죠?"

물론, 완벽히 외운 단어들을 계속해서 볼 필요는 없다. 처음 영어를 배울 때야 never가 '절대로 ~하지 않다.'라고 외우지만, 아직까지 never를 외웠는지 체크해야 할 학생은 없을 거로 생각한다. (설령 있다고 해도 좌절하지 말자. 외우면 된다.)

앞서 외울 때마다 번거롭게 동그라미를 쳤던 이유가 이것이다. 완벽히 외웠다면 이제 단어 카드에서 졸업시켜 주자. 동그라미 연속 세 개에 성공했다면 제대로 외웠다고 봐도 좋다. 그 단어들은 아까 준비했던 작은 상자에 고이 담아두자. 그리고 한 달에 한 번씩 다시 체크하면 된다. 물론 가위표를 추가해야 하는 상황이 되면 6일간 외워야 하는 카드 묶음에 다시 들어가야 한다.

암기, 어쩌란 말인가?

필자는 외우는 것을 정말 죽도록 싫어한다. 그리도 싫어하니 당연히 따라오는 결과일지 모르겠지만, 암기를 정말 못 하기도 한다. 좀 창피한 이야기지만 기출문제 몇 번 풀어보고, 몇 가지 상식만 외우면 통과한다는 운전면허 필기시험도 떨어졌다. 그것도 공부하고 말이다. 일주일간 칼을 갈고 봤던 시험 점수가 78점이었던 것을 보면 암기 수준을 알 만하다. 물론 점수가 그리도 안 나왔던 이유 중에는 하기 싫은 공부 억지로 했던 것도 있을 것이다. 그러나 그보다 근본적인 이유는 '대강 보면 나중에 생각나겠지.' 라는 안일한 마음이었던 것 같다.

앞서 이야기했듯이 시험이라는 것은 냉정하기 이를 데 없다. 맞거나 틀리거나 둘 중 하나만 존재할 뿐이다. 암기해야 해결할 수 있는 문제는 더욱 간단해진다. 외웠으면 맞추는 거고 못 외웠으면 틀리는 거다. 그렇다면 우리가 해야 하는 것은 외우는 것이다.

간혹 보면 '공부는 암기보다는 이해가 중요하다.' 라는 말을 듣고 암기를 경시하는 학생들이 있다. 하지만 이것이야말로 '인간은 믿고 싶은 사실만 믿는다.' 라는 말이 참임을 보여주는 예시밖에 되지 않는다. 설령 정말로 공부에 있어 암기보다 이해가 중요하다 하더라도, 그것이 암기가 중요하지 않다는 것을 증명하지는 않는다. A가 B보다 중요하면 B는 쓸모가 없는 것인가? 사람이 사는 데 있어 건강이 돈보다 중요하다 해서 건강하기만 하면 돈은 모조리 포기해 버릴 것인가?

공부에서 암기의 중요성은 아무리 강조해도 지나치지 않다. 제대로 이해했다면 외우고 있어야 한다. 그래야 문제를 풀 수 있다. 그 원리를 아무리 잘 알고 있다고 하더라도 제대로 외우고 있지 않다면 문제를 풀 수 없다. 이해한 내용을 언제든지 꺼내 쓸 수 있게 준비해야 한다는 것이다. 세세하게 암기하는 것이 귀찮고 어려운 일이라는 것은 잘 안다. 하지만 공부뿐 아니라 세상 모든 것은 남들이 싫어하고 하기 싫어하는 것을 누가 더 열심히 하느냐에 따라 승부가 갈린다.

이기고 싶은가? 그렇다면 외우자. 다른 사람들이 그토록 싫어하는 것에 정면으로 부딪치자. 충분히 할 수 있다. 싫으면 싫을수록 말이다.